国家基本职业培训包（指南包 课程包）

劳务派遣管理员

人力资源社会保障部职业能力建设司编制

中国劳动社会保障出版社

图书在版编目（CIP）数据

劳务派遣管理员 / 人力资源社会保障部职业能力建设司编制. -- 北京：中国劳动社会保障出版社，2023

国家基本职业培训包：指南包　课程包

ISBN 978-7-5167-5834-2

Ⅰ.①劳…　Ⅱ.①人…　Ⅲ.①企业管理－人力资源管理－职业培训－教材　Ⅳ.①F272.92

中国国家版本馆 CIP 数据核字（2023）第 035734 号

中国劳动社会保障出版社出版发行

（北京市惠新东街 1 号　邮政编码：100029）

*

三河市华骏印务包装有限公司印刷装订　新华书店经销

880 毫米 ×1230 毫米　16 开本　5 印张　87 千字

2023 年 7 月第 1 版　2023 年 7 月第 1 次印刷

定价：16.00 元

营销中心电话：400-606-6496

出版社网址：http://www.class.com.cn

编制说明

为深入贯彻落实党的二十大关于“健全终身职业技能培训制度”的部署要求，按照《“十四五”职业技能培训规划》有关职业培训包开发应用工作安排，我部将修订完善和组织开发一批培训需求量大的国家基本职业培训包，在全国范围内培育一批职业培训包应用培训机构。

职业培训包开发工作是新时期职业培训领域的一项重要基础性工作，旨在形成以综合职业能力培养为核心、以技能水平评价为导向，实现职业培训全过程管理的职业技能培训体系，这对于进一步提高培训质量，加强职业培训规范化、科学化管理，促进职业培训与就业需求的有效衔接，推行终身职业技能培训制度具有积极的作用。

国家基本职业培训包由指南包、课程包和资源包三个子包构成，是集培养目标、培训要求、培训内容、课程规范、考核大纲、教学资源等为一体的职业培训资源总和，是职业培训机构对劳动者开展政府补贴职业培训服务的工作规范和指南。

国家基本职业培训包遵循《职业培训包开发技术规程（试行）》的要求，依据国家职业技能标准和企业岗位技术规范，结合新经济、新产业、新职业发展编制，力求客观反映现阶段本职业（工种）的技术水平、对从业人员的要求和职业培训教学规律。

《国家基本职业培训包（指南包　课程包）——劳务派遣管理员》是在各

有关专家的共同努力下完成的。参加编写的主要人员有张黎丹、陈凯、朱军忠，参加审稿的主要人员有陈斯毅、田大洲、于家庆、符伟、徐熙思、于歆、朱明妍，在编制过程中得到了北京课思国际教育科技有限公司、广东省新时代职业开发研究院、中国劳动和社会保障科学研究院、中国北方人才市场、中国天津人力资源开发服务中心等有关单位的大力支持，在此一并致谢。

人力资源社会保障部职业能力建设司

目 录

1 指 南 包

1.1 职业培训包使用指南 ……………………………………002
1.1.1 职业培训包结构与内容……………………………………002
1.1.2 培训课程体系介绍……………………………………003
1.1.3 培训课程选择指导……………………………………008
1.2 职业指南 ……………………………………009
1.2.1 职业描述……………………………………009
1.2.2 职业培训对象……………………………………009
1.2.3 就业前景……………………………………009
1.3 培训机构设置指南 ……………………………………010
1.3.1 师资配备要求……………………………………010
1.3.2 培训场所设备配置要求……………………………………010
1.3.3 教学资料配备要求……………………………………012
1.3.4 管理人员配备要求……………………………………012
1.3.5 管理制度要求……………………………………012

2 课 程 包

2.1 培训要求 ……………………………………014
2.1.1 职业基本素质培训要求……………………………………014
2.1.2 四级/中级职业技能培训要求 ……………………………………016

2.1.3 三级 / 高级职业技能培训要求 …… 018
2.1.4 二级 / 技师职业技能培训要求 …… 022
2.1.5 一级 / 高级技师职业技能培训要求 …… 024
2.2 课程规范 …… 026
2.2.1 职业基本素质培训课程规范 …… 026
2.2.2 四级 / 中级职业技能培训课程规范 …… 031
2.2.3 三级 / 高级职业技能培训课程规范 …… 034
2.2.4 二级 / 技师职业技能培训课程规范 …… 047
2.2.5 一级 / 高级技师职业技能培训课程规范 …… 055
2.2.6 培训建议中培训方法说明 …… 062
2.3 考核规范 …… 063
2.3.1 职业基本素质培训考核规范 …… 063
2.3.2 四级 / 中级职业技能培训理论知识考核规范 …… 064
2.3.3 四级 / 中级职业技能培训操作技能考核规范 …… 065
2.3.4 三级 / 高级职业技能培训理论知识考核规范 …… 066
2.3.5 三级 / 高级职业技能培训操作技能考核规范 …… 067
2.3.6 二级 / 技师职业技能培训理论知识考核规范 …… 068
2.3.7 二级 / 技师职业技能培训操作技能考核规范 …… 069
2.3.8 一级 / 高级技师职业技能培训理论知识考核规范 …… 069
2.3.9 一级 / 高级技师职业技能培训操作技能考核规范 …… 071

1

指南包

1.1 职业培训包使用指南

1.1.1 职业培训包结构与内容

劳务派遣管理员职业培训包由指南包、课程包和资源包三个子包构成，结构如下图所示。

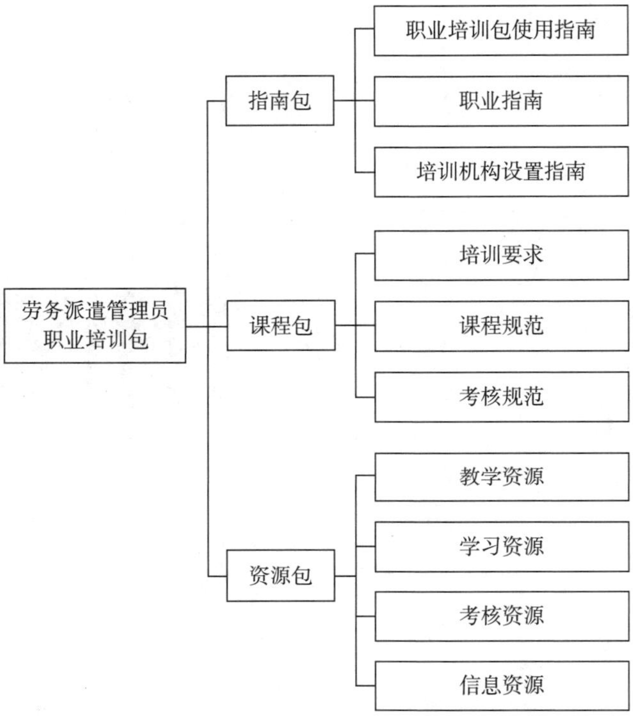

职业培训包结构图

指南包是指导培训机构、培训教师与学员开展职业培训的服务性内容总和，包括职业培训包使用指南、职业指南和培训机构设置指南。职业培训包使用指南是培训教师与学员了解职业培训包内容、选择培训课程、使用培训资源的说明性文本；职业指南是对职业信息的概述；培训机构设置指南是对培训机构开展职业培训提出的具体要求。

课程包是培训机构与教师实施职业培训，培训学员接受职业培训必须遵守的规范总和，包括培训要求、课程规范和考核规范。培训要求是参照国家职业技能标准、结合职业岗位工作实际需求制定的职业培训规范；课程规范是依据培训要求、结合职业培训教学规律，对课程设置、课堂学时、课程内容与培训方法等所做的统一规定；考核规范是针对课程规范中所规定的课程内容开发的，能够科学评价培训学员过程性学习效果与终结性培训成果的规则，是客观衡量培训学员职业基本素质与职业技能水平的标准，也是实施职业培训过程性与终结性考核的依据。

资源包是依据课程包要求，基于培训学员特征，遵循职业培训教学规律，应用先进职业培训课程理念，开发的多媒介、多形式的职业培训与考核资源总和，包括教学资源、学习资源、考核资源和信息资源。教学资源是为培训教师组织实施职业培训教学活动提供的相关资源；学习资源是为培训学员学习职业培训课程提供的相关资源；考核资源是为培训机构和教师实施职业培训考核提供的相关资源；信息资源是为培训教师和学员拓宽视野提供的体现科技进步、职业发展的相关动态资源。

1.1.2 培训课程体系介绍

劳务派遣管理员职业培训课程体系依据职业技能等级分为职业基本素质培训课程、四级 / 中级职业技能培训课程、三级 / 高级职业技能培训课程、二级 / 技师职业技能培训课程和一级 / 高级技师职业技能培训课程，每一类课程包含模块、课程和学习单元三个层级。劳务派遣管理员职业培训课程体系均源自本职业培训包课程包中的课程规范，以学习单元为基础，形成职业层次清晰、内容丰富的“培训课程超市”。

劳务派遣管理员职业培训课程学时分配一览表

职业技能等级	课堂学时		其他学时	培训总学时
	职业基本素质培训课程	职业技能培训课程		
四级 / 中级	35	25	80	140
三级 / 高级	35	40	45	120
二级 / 技师	35	42	23	100
一级 / 高级技师	35	30	15	80

注：课堂学时是指培训机构开展的理论课程教学及实操课程教学的建议最低学时数。除课堂学时外，培训总学时还应包括岗位实习、现场观摩、自学自练等其他学时。

（1）职业基本素质培训课程

模块	课程	学习单元	课堂学时
1．职业道德	1-1　职业道德基本知识	劳务派遣管理员职业道德、职业守则	1
	1-2　劳务派遣管理员职业守则		

续表

模块	课程	学习单元	课堂学时
2．人力资源管理知识	2-1　人力资源基本理论	（1）人力资源与人力资源管理	3
		（2）人力资源管理与组织行为学	3
		（3）人力资源管理与管理沟通	2
	2-2　劳动力市场基本概念	（1）劳动力市场概述和分类	1
		（2）劳动力市场相关理论	1
	2-3　人力资源服务的分类和主要内容	（1）人力资源服务的概念和招聘服务	1
		（2）高级人才寻访服务和人才测评服务	1
		（3）人力资源培训服务和咨询服务	1
		（4）劳务派遣服务	1
		（5）人力资源外包服务和管理信息化服务	1
3．市场营销知识	3-1　市场营销基本概念	市场营销的定义和职能	1
	3-2　市场分析与判断	市场调研与分析判断	4
	3-3　顾客分析	顾客分类和分析	1
4．财税管理知识	4-1　财务管理基础知识	财务管理基础知识	5
	4-2　税种分类知识	税种划分及税率	3
5．相关法律、法规知识	相关法律、法规知识	相关法律、法规知识概述及主要内容	5
课堂学时合计			35

注：本表所列为四级 / 中级职业基本素质培训课程，其他等级职业基本素质培训课程按“劳务派遣管理员职业培训课程学时分配一览表”中相应的课堂学时要求进行必要的调整。

（2）四级 / 中级职业技能培训课程

模块	课程	学习单元	课堂学时
1．项目开发管理	1-1　信息收集与处理	信息收集与处理	2
	1-2　信息审核	项目资料的审核及项目协议的跟踪	1
2．项目运营管理	2-1　项目计划分解与执行	（1）起草工作实施方案	1
		（2）分解工作任务，填写工作记录	1

续表

模块	课程	学习单元	课堂学时
2．项目运营管理	2–2　项目现场管理	（1）组织派遣员工见面会	1
		（2）共同开展安全教育活动	1
		（3）项目现场沟通	1
	2–3　派遣员工服务管理	（1）派遣员工招聘管理	1
		（2）派遣员工入离职手续办理及劳动合同管理	2
		（3）派遣员工薪酬管理及社会保险和住房公积金办理	3
		（4）提供劳务派遣资料并办理劳动用工备案	2
	2–4　客户服务管理	（1）客户资料管理	1
		（2）客户日常沟通与诉求处理	2
3．项目风险管控	3–1　风险核查	（1）劳动合同风险核查	1
		（2）社会保险和住房公积金管理风险核查	1
		（3）安全生产风险核查	1
	3–2　风险处理	（1）劳动争议和突发事件处理	1
		（2）工伤处理和意外伤害处理	2
课堂学时合计			25

（3）三级 / 高级职业技能培训课程

模块	课程	学习单元	课堂学时
1．项目开发管理	1–1　项目分析与策划	（1）用工单位需求分析	1
		（2）投标书制作	1
		（3）编制合作方案	1
	1–2　项目评估与分析	（1）项目合规性审核	1
		（2）项目成本测算	2
		（3）项目收益分析	2
	1–3　协议草拟与修改	（1）合作协议的要求	1
		（2）草拟与修改合作协议	2

续表

模块	课程	学习单元	课堂学时
2．项目运营管理	2–1　项目计划制订与执行	（1）项目年度经营计划制订	2
		（2）召开项目业务会	1
		（3）编写项目报告	2
	2–2　项目现场管理	（1）现场管理风险的类型与风险防范措施	2
		（2）优化项目现场操作流程	1
		（3）解答派遣员工问题	1
	2–3　派遣员工服务管理	（1）薪酬结构和福利设计	2
		（2）培训需求调查	1
		（3）开展岗前和上岗后技能培训	1
		（4）派遣员工关怀	1
	2–4　客户服务管理	（1）客户诉求分析与处理	1
		（2）提供咨询服务	1
		（3）客户满意度调查	1
3．项目风险管控	3–1　风险核查	（1）监控项目执行	1
		（2）派遣业务风险分析	1
		（3）用工风险管控	1
	3–2　风险处理	（1）协商与调解	1
		（2）工伤、意外伤害事件的处理	1
4．项目费用管理	4–1　项目预算编制	（1）项目费用表制作	1
		（2）项目成本预算编制	1
	4–2　项目收支管理	（1）项目收支计划表制作	2
		（2）项目费用使用检查	1
		（3）项目费用结算	2
课堂学时合计			40

（4）二级 / 技师职业技能培训课程

模块	课程	学习单元	课堂学时
1．项目开发管理	1–1　策划与谈判	（1）市场营销策划	1
		（2）项目谈判	1

续表

模块	课程	学习单元	课堂学时
1．项目开发管理	1-2　评估与审核	（1）用工状况评估	2
		（2）财务状况评估	2
		（3）劳务派遣协议审核、项目收益测算	2
2．项目运营管理	2-1　项目计划制订与审核	（1）制订项目年度经营计划	1
		（2）审核项目实施方案	1
	2-2　现场管理制度制定	（1）制定现场管理制度	2
		（2）制定劳务派遣管理员管理制度	1
	2-3　派遣员工服务管理	（1）劳务派遣员工的退回、待派	1
		（2）派遣员工服务	1
	2-4　客户关系管理	（1）客户诉求解决方案	2
		（2）客户满意度提升方法	1
3．项目风险管控	3-1　风险监管	（1）编制业务风险预案	1
		（2）编制项目服务质量管控计划	1
	3-2　风险处理	（1）劳动争议仲裁和诉讼应诉	6
		（2）用工单位协议争议处理	1
4．项目费用管理	4-1　项目费用分析	（1）项目收入与成本分析	2
		（2）项目分析报告编制	1
	4-2　项目业绩管理	（1）劳务派遣管理员业绩考核	2
		（2）项目业绩分配	1
5．培训与指导	5-1　人员培训	（1）培训基本知识与方法	3
		（2）编写培训指导书	1
		（3）制订培训计划	3
	5-2　业务指导	（1）项目团队组建与管理	1
		（2）项目运营经验的传授	1
课堂学时合计			42

（5）一级 / 高级技师职业技能培训课程

模块	课程	学习单元	课堂学时
1．项目开发管理	1-1　业务方案策划	（1）业务开发与管理	1
		（2）项目成本预算与管控	1

续表

模块	课程	学习单元	课堂学时
1. 项目开发管理	1-2 业务决策谈判	(1) 项目合作	2
		(2) 项目报价	2
		(3) 谈判失误后的补救措施	1
	1-3 项目评估与审核	(1) 业务服务能力评估	1
		(2) 项目运营情况审核	1
	1-4 服务模式创新	(1) 新业务机会开发	1
		(2) 服务产品和服务模式创新	1
2. 项目运营管理	2-1 项目计划统筹	(1) 经营规划和项目运营	1
		(2) 项目资源配置	1
	2-2 客户关系管理	(1) 客户关系管理策略	1
		(2) 危机公关管理	1
3. 项目风险管控	3-1 风险监管	(1) 重大风险应急预案	1
		(2) 风险防控	1
		(3) 重大风险分析和归类	1
	3-2 风险处理	(1) 危机事件处理	1
		(2) 合法权益问题处理	1
4. 项目费用管理	4-1 成本管控	(1) 项目成本收益	2
		(2) 项目成本管控	1
	4-2 目标管理	(1) 年度目标制定	1
		(2) 年度目标的分解和执行	1
5. 培训与指导	5-1 人员培训	(1) 业务管理培训内容与方法	1
		(2) 制订人才培养计划	1
		(3) 编制培训教材	1
	5-2 业务指导	(1) 项目团队组建与管理	1
		(2) 项目经营和管理知识	1
课堂学时合计			30

1.1.3 培训课程选择指导

职业基本素质培训课程为必修课程，相当于本职业的入门课程。各级别职业技能培训课程由培训机构教师根据培训学员实际情况，遵循高级别涵盖低级别的原则进行选择。

原则上，初入职的培训学员应学习职业基本素质培训课程和四级 / 初级职业技能培训课程的全部内容；有职业技能等级提升需求的培训学员，可按照国家职业技能标准的“鉴定要求”，对照自身需求选择更高等级的培训课程。

具有一定从业经验、无职业技能等级提升要求的培训学员，可根据自身实际情况自主选择本职业培训课程体系。具体方法为：(1) 选择课程模块；(2) 在模块中筛选课程；(3) 在课程中筛选学习单元；(4) 组合成本次培训的整个课程。

培训教师可以根据以上方法对培训学员进行单独指导。对于订单培训，培训教师可以按照如上方法，对照订单要求进行培训课程的选择。

1.2 职业指南

1.2.1 职业描述

劳务派遣管理员是从事劳务派遣业务项目开发、运营管理、风险管控和派遣员工及用工单位服务等工作的管理人员。

1.2.2 职业培训对象

劳务派遣管理员职业培训的对象主要包括：城乡未继续升学的应届高中毕业生、农村转移就业劳动者、城镇登记失业人员、转岗转业人员、退役军人、企业在职职工、高校毕业生等各类有培训需求的人员。

1.2.3 就业前景

近年来，企业为了降低招聘成本，对劳务派遣用工的需求越来越大，加上劳务派遣用工人数的爆发式增长，以及劳务派遣市场不断规范化和标准化，为劳务派遣管理员提供了更多的发展空间。劳务派遣管理员可就职于市场营销和人力资源管理等工作岗位，也可应聘于从事各种劳务派遣业务的企业，还可以围绕劳务派遣用工市场开展自主创业活动，开办劳务派遣公司等，其就业前景广阔。

1.3　培训机构设置指南

1.3.1　师资配备要求

（1）培训教师任职基本条件

1）培训四级 / 中级劳务派遣管理员的教师应具有本职业二级 / 技师及以上级别的职业资格证书（技能等级证书），或本专业中级及以上专业技术职务任职资格，且累计从事本职业或相关职业工作 3 年（含）以上。

2）培训三级 / 高级、二级 / 技师劳务派遣管理员的教师应具有本职业一级 / 高级技师职业资格证书（技能等级证书），或本专业高级专业技术职务任职资格，且累计从事本职业或相关职业工作 3 年（含）以上。

3）培训一级 / 高级技师劳务派遣管理员的教师应具有本职业一级 / 高级技师职业资格证书（技能等级证书）2 年以上，或本专业高级专业技术职务任职资格，且累计从事本职业或相关职业工作 4 年（含）以上。

（2）培训教师数量要求（以 20 人培训班为基准）

1）四级 / 中级、三级 / 高级劳务派遣管理员培训班教师数量要求：每班配备专兼职教师 2～3 人。其中，专业理论教师不少于 1 人，实习指导教师不少于 1 人。培训规模超过 20 人的，按教师与学员之比不低于 1∶20 分别配备专业理论教师和实习指导教师。

2）二级 / 技师、一级 / 高级技师劳务派遣管理员培训班教师数量要求：每班配备专兼职教师 3～4 人。其中，专业理论教师不少于 1 人，实习指导教师不少于 2 人。培训规模超过 20 人的，按教师与学员之比不低于 1∶20 配备专业理论教师，按教师与学员之比不低于 1∶10 配备实习指导教师。

1.3.2　培训场所设备配置要求

理论知识培训场所应具有可容纳 20 名以上学员的标准教室，并配备投影仪、计算机及播放设备。操作技能培训场所应具有相关的场地、办公设备及教学用具。

（1）理论知识培训场所设备配置要求：40 m^2 以上标准教室、多媒体教学设备、黑（白）板、20 套以上桌椅，符合照明、通风、安全等相关规定。

（2）操作技能培训场所设备配置要求：实习工位充足，设备、设施配套齐全，符合环境保护、劳动保护、安全、卫生、消防、通风和照明等相关规定。培训场所应具备教师演示和学员练习两个功能，包括多媒体教学区、上机操作区、情景模拟区等功能区。

实训设备、用具及其他物品、材料等配置要求如下：

序号	设备、用具及其他物品、材料	数量或规格说明	等级			
			四级 / 中级	三级 / 高级	二级 / 技师	一级 / 高级技师
1	课桌椅	20 套以上	√	√	√	√
2	电脑桌椅	20 套以上	√	√	√	√
3	办公桌椅	5～10 套	√	√	√	√
4	会议桌	1～2 张	√	√	√	√
5	文件柜	5～10 个	√	√	√	√
6	讲台桌	1～3 张	√	√	√	√
7	灭火器箱	3～5 套	√	√	√	√
8	多媒体教学设备	1～3 套	√	√	√	√
9	监控设备	5～10 套	√	√	√	√
10	网络接入设备	1 套	√	√	√	√
11	音响设备	1～5 套	√	√	√	√
12	投影仪	1～3 台	√	√	√	√
13	移动式投影幕布	1～3 套	√	√	√	√
14	座机电话	1～3 部	√	√	√	√
15	黑（白）板	3～5 个	√	√	√	√
16	插线板	若干	√	√	√	√
17	话筒	3～5 个	√	√	√	√
18	计算机	20 台以上	√	√	√	√
19	打印机	1～3 台	√	√	√	
20	扫描仪	1～3 台	√	√	√	
21	空调	2～3 台	√	√	√	
22	应急灯	3～5 个	√	√	√	
23	饮水机	3～5 台	√	√	√	
24	电子测温仪	2 台	√	√	√	
25	A4 纸	若干	√	√	√	

续表

序号	设备、用具及其他物品、材料	数量或规格说明	等级			
			四级 / 中级	三级 / 高级	二级 / 技师	一级 / 高级技师
26	计算器	若干	√	√	√	
27	笔记本	若干	√	√	√	
28	文件夹	若干	√	√	√	
29	档案盒	若干	√	√	√	
30	文具用品	若干	√	√	√	

1.3.3 教学资料配备要求

（1）培训规范：《劳务派遣管理员国家职业技能标准》《劳务派遣管理员职业基本素质培训要求》《劳务派遣管理员职业技能培训要求》《劳务派遣管理员职业基本素质培训课程规范》《劳务派遣管理员职业技能培训课程规范》《劳务派遣管理员职业基本素质培训考核规范》《劳务派遣管理员职业技能培训理论知识考核规范》《劳务派遣管理员职业技能培训操作技能考核规范》。

（2）教学资源、教材教辅、网络资源等内容必须符合"（1）培训规范"。

1.3.4 管理人员配备要求

（1）专职校长：1 人，应具有本科及以上文化程度、中级及以上专业技术职务任职资格，从事职业技术教育及教学管理 5 年以上，熟悉职业培训的有关法律、法规。

（2）教学管理人员：1 人以上，专职不少于 1 人；应具有本科及以上文化程度、中级及以上专业技术职务任职资格，从事职业技术教育及教学管理 5 年以上，具有丰富的教学管理经验。

（3）办公室人员：1 人以上，应具有本科及以上文化程度。

（4）财务管理人员：2 人，应具有本科及以上文化程度。

1.3.5 管理制度要求

应建立完备的管理制度，包括办学章程与发展规划、教学管理、教师管理、学员管理、财务管理、培训场所与设备管理等制度。

2

课程包

2.1 培训要求

2.1.1 职业基本素质培训要求

职业基本素质模块	培训内容	培训细目
1．职业道德	1-1 职业道德基本知识	职业道德的内涵与内容
	1-2 劳务派遣管理员职业守则	(1) 爱岗敬业、严于律己 (2) 遵纪守法、恪守信用 (3) 团队协作、勇于担当 (4) 开拓创新、服务至上
2．人力资源管理知识	2-1 人力资源基本理论	(1) 人力资源的概念、构成、特征 (2) 人力资源管理的概念、内容 (3) 组织行为学概述 (4) 个体行为 (5) 组织行为 (6) 激励理论 (7) 领导者与组织行为 (8) 管理沟通概述 (9) 纵向与横向沟通 (10) 绩效沟通
	2-2 劳动力市场基本概念	(1) 劳动力市场的规则 (2) 劳动力市场的构成要素 (3) 劳动力市场的特点 (4) 主要劳动力市场和次要劳动力市场 (5) 高等教育程度的劳动力市场、垄断的劳动力市场和竞争的劳动力市场 (6) 内部劳动力市场和外部劳动力市场
	2-3 人力资源服务的分类和主要内容	(1) 人力资源服务的概念和内容 (2) 人力资源招聘服务的概念、业务类型、特点、作用 (3) 招聘服务商业模式创新 (4) 高级人才寻访服务的概念、业务类型、特点 (5) 高级人才寻访服务商业模式创新 (6) 人才测评服务的概念、内容、范围、作用

续表

职业基本素质模块	培训内容	培训细目
2．人力资源管理知识	2–3　人力资源服务的分类和主要内容	(7) 人力资源服务的分类、发展前景与趋势 (8) 人力资源咨询服务的概念、内容、范围、作用 (9) 劳务派遣服务的概念、主体、主要业务、分类、产生和发展原因 (10) 我国劳务派遣的特点 (11) 人力资源外包服务的概念、业务类型、优势 (12) 人力资源外包服务商业模式创新 (13) 人力资源管理信息化服务的概念、业务类型、优势 (14) 人力资源管理信息化服务商业模式创新
3．市场营销知识	3–1　市场营销基本概念	(1) 市场营销的定义 (2) 市场营销的职能
	3–2　市场分析与判断	(1) 市场调研 (2) 环境分析 (3) 市场判断
	3–3　顾客分析	(1) 顾客分类 (2) 顾客行为分析
4．财税管理知识	4–1　财务管理基础知识	(1) 财务制度建设与管理 (2) 财务计划管理 (3) 财务预算管理 (4) 财务分析与财务报告 (5) 资产管理 (6) 成本费用管理 (7) 资金管理 (8) 收支结算管理 (9) 筹资管理 (10) 投资管理
	4–2　税种分类知识	(1) 税种划分 (2) 税种税率
5．相关法律、法规知识	相关法律、法规知识	(1)《中华人民共和国民法典》相关知识 (2)《中华人民共和国劳动法》相关知识 (3)《中华人民共和国劳动合同法》相关知识 (4)《中华人民共和国社会保险法》相关知识

续表

职业基本素质模块	培训内容	培训细目
5．相关法律、法规知识	相关法律、法规知识	（5）《中华人民共和国就业促进法》相关知识 （6）《中华人民共和国劳动争议调解仲裁法》相关知识 （7）《劳务派遣暂行规定》相关知识 （8）《人力资源市场暂行条例》相关知识 （9）《女职工劳动保护特别规定》相关知识

2.1.2　四级 / 中级职业技能培训要求

职业功能模块	培训内容	技能目标	培训细目
1．项目开发管理	1-1　信息收集与处理	1-1-1　能运用不同的信息收集方法，对用工单位各方面关于招标的信息进行收集	（1）信息收集的内容 （2）信息收集的方法
		1-1-2　能按照要求建立招投标信息台账并测算项目服务量	（1）建立信息台账 （2）测算项目服务量
	1-2　信息审核	1-2-1　能核实用工单位营业执照、企业经营状态信息、开票信息及服务要求函件等资料	（1）项目资料审核的内容 （2）项目资料审核的要求
		1-2-2　能跟踪项目合作协议的起草、修改和签订等相关工作	（1）项目协议起草阶段的要求 （2）项目协议修改阶段的要求 （3）项目协议签订阶段的要求
2．项目运营管理	2-1　项目计划分解与执行	2-1-1　能起草项目工作实施方案	（1）起草工作实施方案的要求 （2）工作实施方案的内容
		2-1-2　能分解工作任务	（1）工作分解结构的构成 （2）工作分解结构的适用条件 （3）工作分解结构的实施步骤 （4）工作分解结构的应用要点
		2-1-3　能填写工作记录	工作记录的内容和要求
	2-2　项目现场管理	2-2-1　能组织派遣员工见面会，并作会议记录	（1）组织见面会的要求 （2）组织见面会的技巧 （3）组织见面会的流程
		2-2-2　能与用工单位共同开展派遣员工安全教育活动	（1）开展安全教育的要求 （2）开展安全教育的内容

续表

职业功能模块	培训内容	技能目标	培训细目
2．项目运营管理	2-2　项目现场管理	2-2-3　能与派遣员工进行现场沟通、掌握派遣员工工作和生活基本情况	（1）项目现场沟通的方法 （2）项目现场沟通的内容
	2-3　派遣员工服务管理	2-3-1　能发布招聘信息、筛选简历、面试及发放录用通知书等	（1）招聘信息发布 （2）简历收集与筛选 （3）面试的流程、方法与实施
		2-3-2　能办理入离职手续	（1）入职手续办理 （2）离职手续办理
		2-3-3　能办理劳动合同签订、变更、续签、终止、解除等相关手续	（1）劳动合同的内容 （2）劳动合同的变更 （3）劳动合同的续订 （4）劳动合同的解除和终止
		2-3-4　能实施考勤和考核管理，核对薪酬明细、编制薪酬福利表	（1）考勤核对的要求与内容 （2）薪酬福利表的编制原则 （3）薪酬福利的计算公式 （4）员工激励方案的编制
		2-3-5　能办理社保和公积金等相关手续	（1）社会保险的组成与内容 （2）社会保险的缴费基数和比例计算 （3）住房公积金的缴纳基数与缴纳比例 （4）住房公积金的办理流程
		2-3-6　能根据劳务派遣资料的内容和要求提供劳务派遣所需的经营情况材料	（1）提供劳务派遣资料的内容 （2）提供劳务派遣资料的要求
		2-3-7　能办理劳动用工备案手续	（1）办理劳动用工备案的内容 （2）办理劳动用工备案的要求
	2-4　客户服务管理	2-4-1　能与用工单位进行日常工作交流和材料交接	（1）用工单位资料分类的方法 （2）日常沟通的内容及技巧
		2-4-2　能收集客户诉求信息，跟踪并记录诉求处理过程	（1）客户诉求收集渠道 （2）客户诉求处理流程 （3）客户诉求处理方法
		2-4-3　能发放、回收客户满意度调查问卷	（1）客户满意度调查的内容及方法 （2）调查问卷的发放与回收
3．项目风险管控	3-1　风险核查	3-1-1　能定期核查派遣员工劳动合同漏签、变更、续签、终止等信息并更新、归档派遣员工劳动合同等资料	（1）劳动合同风险类型 （2）劳动合同风险核查内容 （3）派遣员工资料定期更新、归档

续表

职业功能模块	培训内容	技能目标	培训细目
3．项目风险管控	3-1　风险核查	3-1-2　能定期核查派遣员工社保和公积金的缴纳情况	（1）社会保险和住房公积金的风险内容 （2）社会保险和住房公积金的风险核查内容
		3-1-3　能按规定核查安全生产情况	（1）安全生产的概念 （2）安全生产风险的内容 （3）安全生产风险核查的内容
	3-2　风险处理	3-2-1　能收集劳动争议、突发事件、工伤和意外伤害事件等信息，归档劳动争议和突发事件的资料并跟踪上报劳动争议和突发事件的处理情况	（1）常见劳动争议类型 （2）劳动争议处理流程 （3）突发事件处理流程 （4）突发事件信息收集方法
		3-2-2　能为派遣员工申请工伤鉴定，并申报工伤赔偿	（1）工伤认定申请的办理流程 （2）工伤保险待遇申报流程
		3-2-3　能为派遣员工办理意外伤害商业保险理赔	（1）意外伤害的处理程序 （2）意外伤害事件报告内容 （3）商业保险概念 （4）商业保险理赔处理

2.1.3　三级 / 高级职业技能培训要求

职业功能模块	培训内容	技能目标	培训细目
1．项目开发管理	1-1　项目分析与策划	1-1-1　能分析用工单位的实际业务需求	（1）分析需求信息的有效性 （2）分析需求信息的重要性 （3）分析满足客户需求的难易程度
		1-1-2　能按照用工单位的要求编制并提交标书	（1）招投标书的含义 （2）投标书的具体内容 （3）投标书的制作与投递步骤
		1-1-3　能编制合作方案	（1）合作方案的含义 （2）合作方案的内容 （3）合作方案的编制要求
	1-2　项目评估与分析	1-2-1　能审核项目的合规性	（1）项目合规性审核的原则 （2）项目合规性审核的内容
		1-2-2　能测算项目成本	（1）项目成本测算依据 （2）项目成本测算内容 （3）项目成本测算方法

续表

职业功能模块	培训内容	技能目标	培训细目
1．项目开发管理	1–2　项目评估与分析	1–2–3　能分析项目收益变化的影响因素	（1）项目收益的内容和分析方法 （2）项目收益变化的影响因素
	1–3　协议草拟与修改	1–3–1　能草拟合作协议	（1）合作协议的含义 （2）合作协议的相关规定
		1–3–2　能根据专业法务人员的建议修改合作协议	（1）合作协议的订立原则 （2）合作协议的内容 （3）合作协议的格式 （4）合作协议的语言措辞
2．项目运营管理	2–1　项目计划制订与执行	2–1–1　能提出项目年度经营计划的建议	（1）项目年度经营计划的含义 （2）项目年度经营计划的内容 （3）项目年度经营计划的编制依据 （4）项目年度经营计划的制订方法
		2–1–2　能组织召开项目业务会	（1）召开项目业务会的意义 （2）会前准备 （3）会议实施 （4）会议注意事项
		2–1–3　能编写项目实施报告	（1）项目报告的内容 （2）项目报告编写建议
	2–2　项目现场管理	2–2–1　能发现项目现场工作存在的问题，并提出改进措施	（1）现场管理风险的类型 （2）风险防范措施
		2–2–2　能优化项目现场操作流程	（1）项目现场操作流程的类型 （2）项目现场操作流程的优化原则 （3）项目现场操作流程的优化内容 （4）项目现场操作流程的优化方法
		2–2–3　能解答派遣员工提出的生产或工作等问题	（1）解答问题的方法 （2）派遣员工的常见问题 （3）派遣员工常见问题的解答技巧
	2–3　派遣员工服务管理	2–3–1　能提出薪酬结构和福利设计的建议	（1）薪酬结构的设计原则 （2）薪酬结构的内容 （3）薪酬结构的设计方法 （4）薪酬结构的设计建议 （5）福利设计的原则和方法 （6）员工激励方案的编制

续表

职业功能模块	培训内容	技能目标	培训细目
2．项目运营管理	2-3 派遣员工服务管理	2-3-2 能收集派遣员工的培训需求信息	（1）培训需求调查的原则 （2）培训需求调查的内容 （3）培训需求调查的方法
		2-3-3 能组织开展岗前和上岗后的技能培训工作	（1）岗前培训的内容 （2）上岗后技能培训的内容和方式 （3）开展岗前和上岗后技能培训的技巧
		2-3-4 能策划并组织员工关怀活动	（1）新派遣员工关怀 （2）重要节日或派遣员工生日关怀 （3）派遣员工生病关怀和劳动保护 （4）派遣员工遭遇重大困难的关怀 （5）制定派遣员工关怀活动方案
	2-4 客户服务管理	2-4-1 能制定客户诉求处理流程，并作出相应处理	（1）客户诉求信息收集 （2）客户诉求分析方法 （3）客户诉求处理流程
		2-4-2 能为用工单位提供人力资源和社会保障等法律法规政策咨询服务	（1）咨询服务方法 （2）咨询服务要求 （3）咨询服务技巧
		2-4-3 能开展客户满意度的调查工作	（1）客户满意度调查流程 （2）客户满意度调查的方法 （3）客户满意度调查数据的分析方法 （4）客户满意度调查报告的内容和编写方法
3．项目风险管控	3-1 风险核查	3-1-1 能按照协议监管劳务派遣项目的执行情况	（1）劳务派遣项目执行的监控内容 （2）劳务派遣项目执行的监控方法
		3-1-2 能分析劳务派遣项目实施环节产生风险的原因	（1）劳务派遣业务风险的内容 （2）劳务派遣业务风险的分析方法 （3）劳务派遣业务风险的产生原因

续表

职业功能模块	培训内容	技能目标	培训细目
3．项目风险管控	3-1　风险核查	3-1-3　能针对用工风险制定管控措施	（1）用工风险的管控内容 （2）用工风险的管控措施
	3-2　风险处理	3-2-1　能制定派遣员工劳动争议的协商和调解方案	（1）劳动争议协商与劳动争议调解的含义 （2）劳动争议协商与调解的依据 （3）劳动争议协商与调解的流程 （4）劳务派遣争议的处理技巧
		3-2-2　能制定派遣员工工伤、意外伤害事件的解决方案	（1）工伤和意外伤害事件的含义 （2）工伤和意外伤害事件的处理方法 （3）工伤和意外伤害事件的处理技巧
4．项目费用管理	4-1　项目预算编制	4-1-1　能制作并填写项目费用表	（1）项目费用表的含义 （2）项目费用表的制作及要求
		4-1-2　能编制项目成本预算	（1）项目成本预算的编制原则 （2）项目成本预算的编制内容
	4-2　项目收支管理	4-2-1　能制作项目收支计划表，记录项目资金往来，建立项目资金使用台账	（1）制作项目收支计划表 （2）记录项目资金往来 （3）建立项目资金使用台账
		4-2-2　能定期检查项目费用使用情况	（1）检查项目费用的使用用途 （2）检查项目费用的支出金额 （3）检查项目费用的发生时间 （4）检查项目费用是否专款专用 （5）检查项目费用是否统一管理和是否按期核算
		4-2-3　能按时结算项目费用	（1）编制项目费用对账单 （2）项目费用结算

2.1.4 二级 / 技师职业技能培训要求

职业功能模块	培训内容	技能目标	培训细目
1. 项目开发管理	1-1 策划与谈判	1-1-1 能通过电话营销、展会等传统营销方式，建立新客户关系	(1) 传统营销方式的内容和方法 (2) 电话营销的优势和劣势 (3) 开展展会营销活动的注意事项
		1-1-2 能通过全媒体、网络直播等新型营销方式，建立新客户关系	(1) 新型营销方式的内容和方法 (2) 新型营销的数字赋能与改进
		1-1-3 能进行项目谈判	(1) 项目谈判过程的具体内容 (2) 项目谈判的方法
	1-2 评估与审核	1-2-1 能对用工单位的用工状况进行评估	(1) 用工单位用工状况评估内容 (2) 用工单位的需求基准 (3) 用工需求统计表和用工招聘职位委托书
		1-2-2 能对用工单位的财务状况进行评估	(1) 用工单位财务状况评估的内容和方法 (2) 填写客户调查表、客户信用评级报告表、客户财务风险评估表的注意事项
		1-2-3 能对劳务派遣协议进行审核	劳务派遣协议内容的审核
		1-2-4 能测算项目收益	项目收益的测算方法
2. 项目运营管理	2-1 项目计划制订与审核	2-1-1 能编制项目年度经营计划	(1) 项目年度目标 (2) 成本费用控制方法 (3) 人员管理安排
		2-1-2 能根据项目年度经营计划审核项目的实施方案	项目实施方案的审核内容和方法
	2-2 现场管理制度制定	2-2-1 能制定项目现场安全和 6S 等管理制度	(1) 项目现场安全管理制度的内容 (2) 6S 管理的定义、目的、实施要领
		2-2-2 能制定劳务派遣管理员的管理制度	劳务派遣管理员管理制度的内容

续表

职业功能模块	培训内容	技能目标	培训细目
2．项目运营管理	2-3 派遣员工服务管理	2-3-1 能统筹待派员工和退回员工的管理	（1）派遣员工退回的类别和管理方法 （2）派遣员工待派管理的注意事项
		2-3-2 能分析派遣员工需求，并设计相应产品和服务方案	（1）派遣员工服务的内容 （2）派遣员工服务的分类 （3）派遣员工服务的步骤
	2-4 客户关系管理	2-4-1 能对客户诉求提出解决方案	（1）客户诉求登记 （2）客户诉求分析 （3）客户诉求处理
		2-4-2 能制定提升客户满意度的方案和措施	客户满意度提升的方法
3．项目风险管控	3-1 风险监管	3-1-1 能预测业务项目实施环节的风险，并制定预案	业务风险类型
		3-1-2 能对派遣员工纠纷、用工单位的资金不足等风险提出监管措施	风险处理措施
		3-1-3 能编制项目服务质量管控计划和措施	（1）项目服务质量管控目标 （2）项目服务质量管控时限
	3-2 风险处理	3-2-1 能收集劳动争议仲裁和诉讼的相关资料、起草文书并应诉	（1）劳动争议仲裁和诉讼文书的内容 （2）劳动争议仲裁和诉讼文书起草及应诉的流程与要求
		3-2-2 能处理用工单位履行劳务派遣协议所产生的争议	（1）用工单位协议争议的类别和处理方法 （2）用工单位协议争议的处理步骤与技巧
4．项目费用管理	4-1 项目费用分析	4-1-1 能对项目收入、成本支出等情况进行分析	项目收入、成本的构成和分析方法
		4-1-2 能编制项目费用分析报告，提出项目费用优化措施	（1）项目费用分析报告的内容和编制方法 （2）项目费用优化的措施
	4-2 项目业绩管理	4-2-1 能核验派遣业务量，并进行业绩考核	劳务派遣管理员业绩考核的内容和方法
		4-2-2 能确定劳务派遣管理员项目业绩管理方式和标准，制定项目业绩分配方案	（1）项目业绩的管理方式和管理标准 （2）项目业绩分配方案的内容和制定要求

续表

职业功能模块	培训内容	技能目标	培训细目
5．培训与指导	5-1 人员培训	5-1-1 能对三级 / 高级工及以下级别人员进行培训	(1) 培训基本知识 (2) 培训方法的选择
		5-1-2 能制订培训计划，编写培训指导书	(1) 培训指导书的内容和编写方法 (2) 培训计划的概述、制订原则和制订步骤
	5-2 业务指导	5-2-1 能对三级 / 高级工及以下级别人员进行业务指导	(1) 项目团队的组建原则 (2) 项目团队管理的常用技能
		5-2-2 能传授劳务派遣业务项目运营的经验和技能	项目运营经验的传授方法

2.1.5 一级 / 高级技师职业技能培训要求

职业功能模块	培训内容	技能目标	培训细目
1．项目开发管理	1-1 业务方案策划	1-1-1 能制定和优化业务开发、管理方案	(1) 业务开发方案的制定与优化 (2) 项目管理方案的制定与优化
		1-1-2 能制定项目成本预算、项目成本管控等业务工作方案	(1) 项目成本预算方案 (2) 项目成本管控方案
	1-2 业务决策谈判	1-2-1 能完善和审定项目合作方案、标书、协议条款	(1) 项目合作方案 (2) 投标书制作 (3) 项目合作协议条款
		1-2-2 能确定项目报价	(1) 项目报价的策略 (2) 项目报价的确定
		1-2-3 能制定谈判失误后的补救措施	(1) 谈判失误的原因及预防 (2) 谈判失误补救
	1-3 项目评估与审核	1-3-1 能评估本单位业务服务能力	(1) 业务服务能力评估的内容 (2) 业务服务能力评估的方法
		1-3-2 能审核项目整体运营情况	(1) 项目运营情况审核的内容 (2) 项目运营情况审核的方法
	1-4 服务模式创新	1-4-1 能分析用工单位及其所在行业的发展趋势，发现新业务机会	(1) 用工单位发展趋势分析 (2) 行业发展趋势分析 (3) 新业务机会分析

续表

职业功能模块	培训内容	技能目标	培训细目
1．项目开发管理	1-4　服务模式创新	1-4-2　能制定服务产品和服务模式创新方案	（1）服务产品创新方案 （2）服务模式创新方案 （3）大数据管理与人工智能知识
2．项目运营管理	2-1　项目计划统筹	2-1-1　能制定经营规划并统筹各项目运营	（1）项目经营规划的内容和原则 （2）项目经营规划的制定方法和流程 （3）项目运营计划的统筹管理要求
		2-1-2　能根据项目需求制定人财物资源配置方案	（1）项目需求的内容 （2）项目资源配置方案的内容
	2-2　客户关系管理	2-2-1　能制定客户关系管理策略	（1）客户关系管理的内容 （2）客户关系管理策略的制定方法
		2-2-2　能开展危机公关管理	（1）危机公关的内容和特点 （2）危机公关应对原则和方法
3．项目风险管控	3-1　风险监管	3-1-1　能制定用工单位资金链断裂、资不抵债和关停并转等重大风险应急预案	（1）重大风险应急预案的内容 （2）重大风险应急预案的制定
		3-1-2　能建立、执行、监督风险防控的制度	（1）风险防控的内容 （2）风险防控的方法 （3）风险防控的制度
		3-1-3　能归类和分析重大风险防控案例	（1）重大风险分析和归类的内容及方法 （2）重大风险防控案例的分析和归类
	3-2　风险处理	3-2-1　能处理派遣员工集体争议等危机事件	（1）危机事件的内容和处理方法 （2）集体争议的内容和处理方法
		3-2-2　能处理派遣员工薪酬、社保等合法权益问题	（1）合法权益问题的内容 （2）合法权益问题的处理
4．项目费用管理	4-1　成本管控	4-1-1　能分析项目成本收益	（1）项目成本收益分析的内容和特征 （2）项目成本收益分析的方法 （3）项目成本收益估算表
		4-1-2　能制定成本管控措施	（1）项目成本管控的内容 （2）项目成本管控的措施

续表

职业功能模块	培训内容	技能目标	培训细目
4．项目费用管理	4-2　目标管理	4-2-1　能制定年度目标	（1）年度目标的制定要求 （2）项目费用年度计划表编制
		4-2-2　能制订实现年度目标的分解计划和行动措施	（1）年度目标分解计划的内容 （2）年度目标的执行措施
5．培训与指导	5-1　人员培训	5-1-1　能对劳务派遣管理员做好业务管理等培训	（1）业务管理培训的内容 （2）业务管理培训的方法
		5-1-2　能建立培训机制，制订人才培养计划，编制培训教材	（1）人才培养计划的内容、编制方法和编制要求 （2）培训教材的编制方法和编制要求
	5-2　业务指导	5-2-1　能对劳务派遣管理员进行业务工作指导	（1）项目团队组建的指导思想 （2）项目团队管理的要求
		5-2-2　能讲授劳务派遣业务项目经营与管理的知识	（1）项目经营和管理知识的内容 （2）项目经营和管理知识的讲授方法

2.2 课程规范

2.2.1　职业基本素质培训课程规范

模块	课程	学习单元	课程内容	培训建议	课堂学时
1．职业道德	1-1　职业道德基本知识	劳务派遣管理员职业道德、职业守则	1）职业道德的内涵与内容 ①诚信 ②忠诚 ③敬业 ④责任 ⑤规矩	（1）方法：讲授法、案例教学法、讨论法 （2）重点：职业道德与劳务派遣管理员职业守则 （3）难点：劳务派遣管理员职业道德与职业守则的遵守	1
	1-2　劳务派遣管理员职业守则		2）爱岗敬业、严于律己		
			3）遵纪守法、恪守信用		
			4）团队协作、勇于担当		
			5）开拓创新、服务至上		

续表

模块	课程	学习单元	课程内容	培训建议	课堂学时
2．人力资源管理知识	2-1　人力资源基本理论	（1）人力资源与人力资源管理	1）人力资源的概念、构成、特征	（1）方法：讲授法、案例教学法、情景表演法 （2）重点与难点：人力资源管理的内容	3
			2）人力资源管理的概念、内容		
		（2）人力资源管理与组织行为学	1）组织行为学概述	（1）方法：讲授法、案例教学法、情景表演法 （2）重点与难点：激励理论	3
			2）个体行为		
			3）组织行为		
			4）激励理论		
			5）领导者与组织行为		
		（3）人力资源管理与管理沟通	1）管理沟通概述	（1）方法：讲授法、案例教学法、情景表演法 （2）重点与难点：纵向与横向沟通	2
			2）纵向与横向沟通		
			3）绩效沟通		
	2-2　劳动力市场基本概念	（1）劳动力市场概述和分类	1）劳动力市场的规则	（1）方法：讲授法、案例教学法 （2）重点与难点：劳动力市场的规则、构成要素、特点	1
			2）劳动力市场的构成要素		
			3）劳动力市场的特点		
		（2）劳动力市场相关理论	1）主要劳动力市场和次要劳动力市场	（1）方法：讲授法、案例教学法 （2）重点与难点：劳动力市场相关理论	1
			2）高等教育程度的劳动力市场、垄断的劳动力市场和竞争的劳动力市场		
			3）内部劳动力市场和外部劳动力市场		
	2-3　人力资源服务的分类和主要内容	（1）人力资源服务的概念和招聘服务	1）人力资源服务的概念和内容	（1）方法：讲授法、案例教学法、讨论法 （2）重点与难点：人力资源招聘服务	1
			2）人力资源招聘服务的概念、业务类型、特点、作用		
			3）招聘服务商业模式创新		

续表

模块	课程	学习单元	课程内容	培训建议	课堂学时
2．人力资源管理知识	2–3　人力资源服务的分类和主要内容	（2）高级人才寻访服务和人才测评服务	1）高级人才寻访服务的概念、业务类型、特点	（1）方法：讲授法、案例教学法、讨论法 （2）重点与难点：高级人才寻访服务商业模式创新	1
			2）高级人才寻访服务商业模式创新		
			3）人才测评服务的概念、内容、范围、作用		
		（3）人力资源培训服务和咨询服务	1）人力资源服务的分类、发展前景与趋势	（1）方法：讲授法、案例教学法、讨论法 （2）重点与难点：人力资源服务的发展前景与趋势	1
			2）人力资源咨询服务的概念、内容、范围、作用		
		（4）劳务派遣服务	1）劳务派遣服务的概念、主体、主要业务、分类、产生和发展原因	（1）方法：讲授法、案例教学法、讨论法 （2）重点与难点：劳务派遣服务	1
			2）我国劳务派遣的特点		
		（5）人力资源外包服务和管理信息化服务	1）人力资源外包服务的概念、业务类型、优势	（1）方法：讲授法、案例教学法、讨论法 （2）重点与难点：人力资源管理信息化服务商业模式创新	1
			2）人力资源外包服务商业模式创新		
			3）人力资源管理信息化服务的概念、业务类型、优势		
			4）人力资源管理信息化服务商业模式创新		
3．市场营销知识	3–1　市场营销基本概念	市场营销的定义和职能	1）市场营销的定义	（1）方法：讲授法、案例教学法、讨论法 （2）重点与难点：市场营销的职能	1
			2）市场营销的职能 ①市场调研 ②产品效用与价值 ③营销与销售 ④需求关系创造 ⑤公共关系平衡		
	3–2　市场分析与判断	市场调研与分析判断	1）市场调研 ①信息收集 ②信息分析 ③信息处理	（1）方法：讲授法、案例教学法、讨论法	4

续表

<table>
<tr><th>模块</th><th>课程</th><th>学习单元</th><th>课程内容</th><th>培训建议</th><th>课堂学时</th></tr>
<tr><td rowspan="4">3．市场营销知识</td><td rowspan="2">3-2　市场分析与判断</td><td rowspan="2">市场调研与分析判断</td><td>2）环境分析
①宏观环境分析
②微观环境分析</td><td rowspan="2">（2）重点：市场判断
（3）难点：环境分析</td><td rowspan="2"></td></tr>
<tr><td>3）市场判断
①市场预测
②目标市场选择</td></tr>
<tr><td rowspan="2">3-3　顾客分析</td><td rowspan="2">顾客分类和分析</td><td>1）顾客分类
①从交易频次划分顾客
②从是否达成交易划分顾客
③从情感角度划分顾客
④从角色分工角度划分顾客
⑤从普通与特殊角度划分顾客
⑥从地域角度划分顾客</td><td rowspan="2">（1）方法：讲授法、案例教学法、讨论法
（2）重点：顾客分类
（3）难点：购买行为影响因素</td><td rowspan="2">1</td></tr>
<tr><td>2）顾客行为分析
①购买行为影响因素
②购买行为类型</td></tr>
<tr><td rowspan="7">4．财税管理知识</td><td rowspan="7">4-1　财务管理基础知识</td><td rowspan="7">财务管理基础知识</td><td>1）财务制度建设与管理
①国家制度制约因素
②内部制度规范因素</td><td rowspan="7">（1）方法：讲授法、案例教学法、讨论法
（2）重点：成本费用管理、筹资管理</td><td rowspan="7">5</td></tr>
<tr><td>2）财务计划管理
①财务计划的内容
②财务计划的编制步骤</td></tr>
<tr><td>3）财务预算管理</td></tr>
<tr><td>4）财务分析与财务报告
①财务分析的内容和方法
②财务报告格式</td></tr>
<tr><td>5）资产管理
①固定资产计价方式
②固定资产折旧方式</td></tr>
<tr><td>6）成本费用管理
①成本费用管理的内容
②成本核算的步骤</td></tr>
<tr><td>7）资金管理
①资金管理的内容
②资金管理的原则</td></tr>
</table>

续表

模块	课程	学习单元	课程内容	培训建议	课堂学时
4．财税管理知识	4–1　财务管理基础知识	财务管理基础知识	8）收支结算管理 ①收支结算范围 ②收支结算规范	（3）难点：投资决策	
			9）筹资管理 ①筹资渠道 ②筹资方式		
			10）投资管理 ①投资的分类 ②投资决策评价方法		
	4–2　税种分类知识	税种划分及税率	1）税种划分 ①按征税对象划分 ②按税收管理和使用权限划分 ③按税收与价格的关系划分 ④按税负是否易于转嫁划分 ⑤按税率形式划分	（1）方法：讲授法、案例教学法、讨论法 （2）重点与难点：税种的征税范围、纳税人、税率	3
			2）税种税率		
5．相关法律、法规知识	相关法律、法规知识	相关法律、法规知识概述及主要内容	1）《中华人民共和国民法典》相关知识	（1）方法：讲授法、案例教学法 （2）重点与难点：《中华人民共和国就业促进法》《中华人民共和国劳动争议调解仲裁法》《劳务派遣暂行规定》相关知识	5
			2）《中华人民共和国劳动法》相关知识		
			3）《中华人民共和国劳动合同法》相关知识		
			4）《中华人民共和国社会保险法》相关知识		
			5）《中华人民共和国就业促进法》相关知识		
			6）《中华人民共和国劳动争议调解仲裁法》相关知识		
			7）《劳务派遣暂行规定》相关知识		
			8）《人力资源市场暂行条例》相关知识		
			9）《女职工劳动保护特别规定》相关知识		
课堂学时合计					35

2.2.2 四级 / 中级职业技能培训课程规范

模块	课程	学习单元	课程内容	培训建议	课堂学时
1．项目开发管理	1-1 信息收集与处理	信息收集与处理	1）信息收集的内容	（1）方法：讲授法、讨论法、实训（练习）法 （2）重点与难点：信息台账建立和项目服务量测算方法	2
			2）信息收集的方法		
			3）建立信息台账 ①信息台账的建立要求 ②信息台账的管理		
			4）测算项目服务量 ①测算依据 ②测算方法		
	1-2 信息审核	项目资料的审核及项目协议的跟踪	1）项目资料审核的内容	（1）方法：讲授法、讨论法 （2）重点与难点：项目资料审核的内容及要求	1
			2）项目资料审核的要求		
			3）项目协议各阶段的要求		
2．项目运营管理	2-1 项目计划分解与执行	（1）起草工作实施方案	1）起草工作实施方案的要求 ①工作实施方案的内容要求 ②工作实施方案的格式要求	（1）方法：讲授法、实训（练习）法 （2）重点与难点：起草工作实施方案	1
			2）工作实施方案的内容 ①导言或引语 ②方案的基本内容		
		（2）分解工作任务，填写工作记录	1）工作分解结构的构成	（1）方法：讲授法、实训（练习）法 （2）重点与难点：填写工作记录	1
			2）工作分解结构的适用条件		
			3）工作分解结构的实施步骤		
			4）工作分解结构的应用要点		
			5）工作记录的内容和要求		

续表

模块	课程	学习单元	课程内容	培训建议	课堂学时
2．项目运营管理	2-2 项目现场管理	（1）组织派遣员工见面会	1）组织见面会的要求 2）组织见面会的技巧 3）组织见面会的流程	（1）方法：讲授法、案例教学法、情景表演法 （2）重点与难点：组织见面会的技巧与项目现场沟通的方法	1
		（2）共同开展安全教育活动	1）开展安全教育的要求 2）开展安全教育的内容 ①思想教育 ②现场安全教育 ③介绍典型案例及现场急救措施	（1）方法：讲授法、案例教学法、情景表演法 （2）重点与难点：现场安全教育的内容	1
		（3）项目现场沟通	1）项目现场沟通的方法 2）项目现场沟通的内容	（1）方法：讲授法、案例教学法、情景表演法 （2）重点与难点：项目现场沟通的内容	1
	2-3 派遣员工服务管理	（1）派遣员工招聘管理	1）招聘信息发布 2）简历收集与筛选 3）面试的流程、方法与实施	（1）方法：讲授法、实训（练习）法 （2）重点与难点：面试的流程、方法与实施	1
		（2）派遣员工入离职手续办理及劳动合同管理	1）入离职手续办理 2）劳动合同的内容、变更、续订、解除和终止	（1）方法：讲授法、实训（练习）法 （2）重点与难点：入职手续办理	2
		（3）派遣员工薪酬管理及社会保险和住房公积金办理	1）考勤核对的要求与内容 ①月度考勤表 ②加班情况表 ③绩效考核表 2）薪酬福利表的编制原则 3）薪酬福利的计算公式 4）员工激励方案的编制	（1）方法：讲授法、实训（练习）法	3

续表

模块	课程	学习单元	课程内容	培训建议	课堂学时
2．项目运营管理	2–3　派遣员工服务管理	（3）派遣员工薪酬管理及社会保险和住房公积金办理	5）社会保险的组成与内容	（2）重点与难点：派遣员工薪酬管理	
			6）社会保险的缴费基数和比例计算		
			7）住房公积金的缴纳基数、缴纳比例及办理流程		
		（4）提供劳务派遣资料并办理劳动用工备案	1）提供劳务派遣资料的内容	（1）方法：讲授法、实训（练习）法 （2）重点与难点：办理劳动用工备案的内容	2
			2）提供劳务派遣资料的要求		
			3）办理劳动用工备案的内容		
			4）办理劳动用工备案的要求		
	2–4　客户服务管理	（1）客户资料管理	用工单位资料分类的方法	（1）方法：讲授法、情景表演法、实训（练习）法 （2）重点与难点：用工单位资料分类的方法	1
		（2）客户日常沟通与诉求处理	1）日常沟通的内容及技巧	（1）方法：讲授法、情景表演法、实训（练习）法 （2）重点：客户诉求处理 （3）难点：日常沟通技巧	2
			2）客户诉求 ①收集渠道 ②处理流程 ③处理方法		
			3）客户满意度调查 ①调查内容及方法 ②调查问卷的发放与回收		
3．项目风险管控	3–1　风险核查	（1）劳动合同风险核查	1）劳动合同风险类型	（1）方法：讲授法、实训（练习）法、案例教学法 （2）重点与难点：劳动合同风险核查内容	1
			2）劳动合同风险核查内容 ①核查劳动合同签订风险 ②核查劳动合同履行风险 ③核查劳动合同续订风险 ④核查劳动合同解除风险		
			3）派遣员工资料定期更新、归档		

续表

模块	课程	学习单元	课程内容	培训建议	课堂学时
3. 项目风险管控	3–1 风险核查	(2) 社会保险和住房公积金管理风险核查	1) 社会保险和住房公积金的风险内容	(1) 方法：讲授法、实训（练习）法、案例教学法 (2) 重点与难点：社会保险和住房公积金的风险内容	1
			2) 社会保险和住房公积金的风险核查内容		
		(3) 安全生产风险核查	1) 安全生产的概念	(1) 方法：讲授法、实训（练习）法、案例教学法 (2) 重点与难点：安全生产风险核查的内容	1
			2) 安全生产风险的内容		
			3) 安全生产风险核查的内容		
	3–2 风险处理	(1) 劳动争议和突发事件处理	1) 常见劳动争议类型	(1) 方法：讲授法、案例教学法 (2) 重点与难点：劳动争议及突发事件处理	1
			2) 劳动争议处理流程		
			3) 突发事件处理流程		
			4) 突发事件信息收集方法		
		(2) 工伤处理和意外伤害处理	1) 工伤认定申请的办理流程	(1) 方法：讲授法、案例教学法 (2) 重点与难点：工伤及意外伤害的处理	2
			2) 工伤保险待遇申报流程		
			3) 意外伤害处理程序和事件报告内容		
			4) 商业保险的概念及理赔处理		
课堂学时合计					25

2.2.3 三级 / 高级职业技能培训课程规范

模块	课程	学习单元	课程内容	培训建议	课堂学时
1. 项目开发管理	1–1 项目分析与策划	(1) 用工单位需求分析	1) 分析需求信息的有效性 ①真实性 ②时效性	(1) 方法：讲授法、讨论法	1

续表

模块	课程	学习单元	课程内容	培训建议	课堂学时
1．项目开发管理	1-1　项目分析与策划	（1）用工单位需求分析	2）分析需求信息的重要性 ①需求的缓急程度 ②需求的数量	（2）重点与难点：分析需求信息的有效性	
			3）分析满足客户需求的难易程度 ①企业自身服务水平的高低 ②满足客户需求的难易程度		
		（2）投标书制作	1）招投标书的含义 ①招标书 ②投标书	（1）方法：讲授法、演示法、实训（练习）法 （2）重点：投标书必备的五个内容 （3）难点：投标书的制作	1
			2）投标书的具体内容 ①公司营业执照、资质证书 ②公司财务审计报告 ③设备介绍和技术能力介绍 ④纳税证明和社保证明 ⑤无法律、法规禁止投标的承诺书		
			3）投标书的制作与投递步骤 ①研读招标文件 ②制作投标书 ③封装投标书 ④投递投标书		
		（3）编制合作方案	1）合作方案的含义	（1）方法：讲授法、实训（练习）法、情景表演法、案例教学法 （2）重点：合作方案的内容 （3）难点：合作方案的编制	1
			2）合作方案的内容 ①合作背景 ②双方简介 ③项目简介 ④合作模式 ⑤合作启动事宜 ⑥合作进度控制 ⑦合作结束事宜 ⑧其他		
			3）合作方案的编制要求 ①外在要求 ②内在要求		

续表

<table>
<tr><th>模块</th><th>课程</th><th>学习单元</th><th>课程内容</th><th>培训建议</th><th>课堂学时</th></tr>
<tr><td rowspan="7">1．项目开发管理</td><td rowspan="7">1–2　项目评估与分析</td><td rowspan="2">（1）项目合规性审核</td><td>1）项目合规性审核的原则
①客观性原则
②法制性原则
③准确性原则
④重点性原则</td><td rowspan="2">（1）方法：讲授法
（2）重点与难点：项目合规性审核的内容</td><td rowspan="2">1</td></tr>
<tr><td>2）项目合规性审核的内容
①项目主体是否合规
②项目内容是否合规
③同工同酬</td></tr>
<tr><td rowspan="3">（2）项目成本测算</td><td>1）项目成本测算依据
①项目范围说明书
②项目工作分解结构
③项目资源需求计划
④项目工期要求
⑤项目质量要求
⑥企业其他项目的账目表</td><td rowspan="3">（1）方法：讲授法、实训（练习）法、讨论法
（2）重点：项目成本测算内容
（3）难点：项目成本测算方法的选择</td><td rowspan="3">2</td></tr>
<tr><td>2）项目成本测算内容
①人工成本
②材料与设备成本
③咨询成本
④风险成本</td></tr>
<tr><td>3）项目成本测算方法
①自上而下估算法
②自下而上估算法</td></tr>
<tr><td rowspan="2">（3）项目收益分析</td><td>1）项目收益的内容和分析方法
①劳务派遣管理费用
②成本效益分析法</td><td rowspan="2">（1）方法：讲授法、实训（练习）法
（2）重点：项目收益变化的影响因素
（3）难点：成本效益分析法</td><td rowspan="2">2</td></tr>
<tr><td>2）项目收益变化的影响因素
①用工单位
②劳务派遣单位
③咨询成本
④外部环境</td></tr>
</table>

续表

模块	课程	学习单元	课程内容	培训建议	课堂学时
1．项目开发管理	1–3　协议草拟与修改	（1）合作协议的要求	1）合作协议的含义	（1）方法：讲授法、讨论法 （2）重点与难点：合作协议的相关规定	1
			2）合作协议的相关规定 ①《中华人民共和国民法典》相关规定 ②《劳务派遣暂行规定》相关规定		
		（2）草拟与修改合作协议	1）把握合作协议的订立原则 ①自愿平等 ②协商一致 ③公平公正 ④诚实信用 ⑤遵纪守法	（1）方法：讲授法、演示法、实训（练习）法 （2）重点：合作协议的内容 （3）难点：合作协议的编制	2
			2）明确合作协议的内容 ①合作协议完整 ②权责关系 ③服务方式 ④费用结算方式 ⑤违约责任 ⑥协议的终止或更改		
			3）遵守合作协议的格式 ①常见的合作协议格式 ②优先遵守另有的要求或规范模板		
			4）把握合作协议的语言措辞 ①要准确严密、通俗易懂 ②不能模棱两可、语气不清		
2．项目运营管理	2–1　项目计划制订与执行	（1）项目年度经营计划制订	1）项目年度经营计划的含义	（1）方法：讲授法、演示法、讨论法、实训（练习）法、案例教学法	2
			2）项目年度经营计划的内容 ①业务经营（收入、利润）目标 ②财务（资金使用）计划 ③费用计划 ④劳务派遣项目营销计划及市场策略		

续表

<table>
<tr><th>模块</th><th>课程</th><th>学习单元</th><th>课程内容</th><th>培训建议</th><th>课堂学时</th></tr>
<tr><td rowspan="7">2．项目运营管理</td><td rowspan="7">2-1　项目计划制订与执行</td><td rowspan="3">（1）项目年度经营计划制订</td><td>⑤人力资源规划与培训计划
⑥劳动薪酬计划
⑦劳务派遣项目管理制度建设计划</td><td rowspan="3">（2）重点：PEST分析法和SWOT分析法的运用
（3）难点：项目年度经营计划的制订</td><td rowspan="3"></td></tr>
<tr><td>3）项目年度经营计划的编制依据
①上一年度实际经营情况
②当年的经营环境</td></tr>
<tr><td>4）项目年度经营计划的制订方法
①分析上一年度的内外部经营情况
②针对所分析的情况制订年度目标与经营计划
③方案制定应符合SMART原则</td></tr>
<tr><td rowspan="4">（2）召开项目业务会</td><td>1）召开项目业务会的意义</td><td rowspan="4">（1）方法：讲授法、实训（练习）法、情景表演法
（2）重点与难点：会议实施</td><td rowspan="4">1</td></tr>
<tr><td>2）会前准备
①确认人员、时间和地点
②准备会议资料
③会议前的沟通、了解工作</td></tr>
<tr><td>3）会议实施
①劳务派遣项目的成绩
②劳务派遣过程中存在的问题
③解决方案及行动计划
④会议记录</td></tr>
<tr><td>4）会议注意事项
①不讨论无关内容，把握节奏
②不讨论没有结果的话题
③会议控制</td></tr>
</table>

续表

模块	课程	学习单元	课程内容	培训建议	课堂学时
2．项目运营管理	2-1 项目计划制订与执行	（3）编写项目报告	1）项目报告的内容 ①项目背景 ②项目计划 ③项目实施情况 ④项目经验总结	（1）方法：讲授法、演示法、实训（练习）法 （2）重点：项目计划 （3）难点：项目报告的编写	2
			2）项目报告编写建议 ①及时整理项目资料 ②遵循实事求是的原则 ③项目数据真实准确 ④项目报告科学规范		
	2-2 项目现场管理	（1）现场管理风险的类型与风险防范措施	1）现场管理风险的类型 ①加班费风险 ②用工管理风险 ③作业环节迟滞风险 ④企业的商业秘密泄露风险 ⑤派遣员工安全生产风险 ⑥派遣员工离退风险	（1）方法：讲授法、实训（练习）法、情景表演法、案例教学法 （2）重点：现场管理风险的类型 （3）难点：风险防范措施	2
			2）风险防范措施 ①遵守国家相关法律、法规，维护派遣员工权利 ②加强对派遣员工的培训 ③做好派遣员工的离职、辞退和退回工作		
		（2）优化项目现场操作流程	1）劳务派遣项目现场操作流程的类型 ①招聘流程 ②入职流程 ③培训流程 ④社保办理流程 ⑤薪资发放流程 ⑥员工奖惩流程 ⑦员工离职、辞退和退回流程	（1）方法：讲授法、实训（练习）法、演示法、案例教学法	1
			2）流程优化原则 ①效益 ②重要性 ③难易程度 ④系统性和全面性 ⑤可操作性和稳定性		

续表

模块	课程	学习单元	课程内容	培训建议	课堂学时
2．项目运营管理	2-2 项目现场管理	（2）优化项目现场操作流程	3）流程优化内容 ①优化时间 ②职责清晰 ③部门配合 ④绩效提升 ⑤政策变化 ⑥加强沟通	（2）重点：不同劳务派遣项目现场操作流程的类型 （3）难点：流程优化原则的运用	
			4）流程优化方法 ①现场操作流程现状调研 ②现场操作流程管理诊断 ③现场操作流程优化执行		
		（3）解答派遣员工问题	1）解答问题的方法 ①接纳问题或抱怨，表达理解之情 ②引导员工讨论自身感受，取得其信任 ③换位思考 ④不轻易许诺，若许诺则履行	（1）方法：讲授法、实训（练习）法、情景表演法、案例教学法 （2）重点：派遣员工的常见问题 （3）难点：派遣员工常见问题的解答技巧	1
			2）派遣员工的常见问题 ①工作压力大，需要加班，不允许请假 ②调薪慢，承诺的涨薪要求没有落实 ③业余时间活动少 ④认为用工单位对派遣员工的关心不到位 ⑤感觉个人晋升空间小，没有发展前途		
			3）派遣员工常见问题的解答技巧		
	2-3 派遣员工服务管理	（1）薪酬结构和福利设计	1）薪酬结构的设计原则 ①公平性原则 ②竞争性原则 ③经济性原则	（1）方法：讲授法、实训（练习）法、案例教学法	2

续表

模块	课程	学习单元	课程内容	培训建议	课堂学时
2．项目运营管理	2-3　派遣员工服务管理	（1）薪酬结构和福利设计	2）薪酬结构的内容 ①基础薪酬 ②岗位薪酬 ③技能薪酬 ④效益薪酬 ⑤工龄薪酬 ⑥津贴和补贴	（2）重点：薪酬结构的内容 （3）难点：薪酬结构的设计方法	
			3）薪酬结构的设计方法 ①确定派遣员工最高和最低薪酬额度 ②确定薪酬的级数和级差 ③确定薪酬等级标准 ④确定薪酬与岗位的对应关系		
			4）薪酬结构的设计建议 ①符合国家法律、法规要求 ②公平客观 ③战略发展阶段因素 ④市场因素 ⑤岗位因素		
			5）福利设计 ①派遣员工福利的类型 ②福利设计的指导原则 ③福利设计的方法		
			6）员工激励方案的编制		
		（2）培训需求调查	1）培训需求调查的原则 ①调查目的要明确 ②调查内容要相关 ③调查对象要统一 ④恰当选择调查方式 ⑤调查时间要有效	（1）方法：讲授法、实训（练习）法、情景表演法	1
			2）培训需求调查的内容 ①用工单位分析 ②岗位分析 ③派遣员工分析		

续表

模块	课程	学习单元	课程内容	培训建议	课堂学时
2．项目运营管理	2-3　派遣员工服务管理	（2）培训需求调查	3）培训需求调查的方法 ①访谈法 ②观察法 ③问卷调查法 ④重大事件分析法 ⑤绩效分析法 ⑥战略分析法	（2）重点：培训需求调查的方法 （3）难点：培训需求调查的原则	
		（3）开展岗前和上岗后技能培训	1）岗前培训的内容 ①岗前培训的基本内容 ②岗前培训的准备程序 ③实施岗前培训 ④岗前培训考核 ⑤颁发上岗证或上岗通知书	（1）方法：讲授法、演示法、实训（练习）法 （2）重点：岗前培训的内容 （3）难点：开展岗前和上岗后技能培训的技巧	1
			2）上岗后技能培训 ①技能培训内容 ②技能培训方式		
			3）开展岗前和上岗后技能培训的技巧 ①营造良好的培训氛围 ②采用多种培训方式 ③善用游戏和道具		
		（4）派遣员工关怀	1）新派遣员工关怀	（1）方法：讲授法、演示法、实训（练习）法、案例教学法 （2）重点与难点：制定派遣员工关怀活动方案	1
			2）重要节日或派遣员工生日关怀		
			3）派遣员工生病关怀和劳动保护		
			4）派遣员工个人遭遇重大困难的关怀		
			5）制定派遣员工关怀活动方案		
	2-4　客户服务管理	（1）客户诉求分析与处理	1）客户诉求信息收集 ①派遣员工间接收集 ②面对面收集 ③网络平台收集 ④研讨会收集	（1）方法：讲授法、演示法、实训（练习）法、观摩法	1

续表

模块	课程	学习单元	课程内容	培训建议	课堂学时
2．项目运营管理	2-4　客户服务管理	（1）客户诉求分析与处理	2）客户诉求分析方法 ①面谈法 ②观察法 ③问卷调查法 ④小组讨论法 ⑤工作任务分析法 ⑥关键事件分析法 ⑦目标差距分析法	（2）重点与难点：客户诉求分析方法	
			3）客户诉求处理流程 ①判断客户诉求信息 ②提出可行的解决办法 ③跟踪服务		
		（2）提供咨询服务	1）提供咨询服务的方法 ①深度访谈法 ②问卷调查法	（1）方法：讲授法、演示法、情景表演法 （2）重点与难点：提供咨询服务的方法	1
			2）咨询服务要求 ①客观性 ②态度良好 ③遵守法律、法规		
			3）提供咨询服务的技巧 ①从客户实际需求出发 ②及时与用工单位沟通 ③咨询方案具有可行性和可操作性 ④咨询服务实施反馈		
		（3）客户满意度调查	1）客户满意度调查流程 ①编制调查计划 ②实施调查内容	（1）方法：讲授法、演示法、实训（练习）法、情景表演法 （2）重点：编制调查计划	1
			2）客户满意度调查的方法 ①定量法 ②定性法		
			3）客户满意度调查数据的分析方法 ①定量分析法 ②定性分析法		

续表

模块	课程	学习单元	课程内容	培训建议	课堂学时
2．项目运营管理	2-4　客户服务管理	(3) 客户满意度调查	4) 编写客户满意度调查报告 ①技术报告 ②数据报告 ③分析报告 ④报告附件	(3) 难点：编写客户满意度调查报告	
3．项目风险管控	3-1　风险核查	(1) 监控项目执行	1) 监控项目执行的内容 ①派遣的工作岗位 ②派遣的工作地点 ③按照同工同酬原则确定劳动报酬数额和支付方式 ④工作时间和休息休假事项 ⑤劳动安全卫生及培训事项 ⑥其他内容	(1) 方法：讲授法 (2) 重点与难点：监控项目执行的内容	1
			2) 监控项目执行的方法 ①观察法 ②访谈法 ③调查法		
		(2) 派遣业务风险分析	1) 派遣业务风险的内容 ①派遣单位方面 ②用工单位方面 ③派遣员工方面	(1) 方法：讲授法、实训（练习）法、讨论法、案例教学法 (2) 重点与难点：派遣业务风险的分析方法	1
			2) 派遣业务风险的分析方法 ①头脑风暴法 ②核查表法 ③情景分析法 ④事故树分析法 ⑤因果分析法		
			3) 派遣业务风险的产生原因 ①未按照相关法律、法规要求执行 ②派遣员工的日常管理工作不到位		

续表

模块	课程	学习单元	课程内容	培训建议	课堂学时
3．项目风险管控	3–1　风险核查	（3）用工风险管控	1）用工风险管控的内容 ①派遣单位 ②用工单位	（1）方法：讲授法、实训（练习）法、讨论法 （2）重点：用工风险管控的内容 （3）难点：用工风险管控的措施	1
			2）用工风险管控的措施 ①派遣单位 ②用工单位		
	3–2　风险处理	（1）协商与调解	1）劳动争议协商与劳动争议调解的含义 ①劳动争议协商 ②劳动争议调解	（1）方法：讲授法、实训（练习）法、案例教学法、情景表演法、观摩法 （2）重点：协商与调解的依据 （3）难点：协商与调解的流程	1
			2）协商与调解的依据 ①《中华人民共和国劳动法》相关条文 ②《中华人民共和国劳动合同法》相关条文 ③《中华人民共和国劳动争议调解仲裁法》相关条文 ④工作原则		
			3）协商与调解的流程 ①申请调解 ②调查劳动争议 ③公正调解 ④调解达成协议		
			4）劳务派遣争议的处理技巧 ①调查情况 ②尽快给出解决方案 ③签署纸质协议		
		（2）工伤、意外伤害事件的处理	1）工伤、意外伤害事件的含义 ①工伤 ②意外伤害事件	（1）方法：讲授法、实训（练习）法、演示法、案例教学法、观摩法	1
			2）工伤、意外伤害事件的处理方法 ①派遣员工工伤的处理方法 ②派遣员工意外伤害事件的处理方法		

续表

模块	课程	学习单元	课程内容	培训建议	课堂学时
3．项目风险管控	3–2　风险处理	（2）工伤、意外伤害事件的处理	3）工伤、意外伤害事件的处理技巧 ①做好派遣员工情绪安抚工作 ②相关资料及时进行留档 ③为派遣员工购买意外伤害险	（2）重点与难点：工伤、意外伤害事件的处理方法	
4．项目费用管理	4–1　项目预算编制	（1）项目费用表制作	1）项目费用表的含义	（1）方法：讲授法、演示法、实训（练习）法 （2）重点与难点：项目费用表的制作	1
			2）项目费用表的制作及要求		
		（2）项目成本预算编制	1）成本预算编制的原则 ①以项目的目标为中心 ②围绕项目进度进行编制 ③考虑宏观经济环境 ④保证项目切实可行 ⑤预算应保持一定的弹性	（1）方法：讲授法、实训（练习）法、讨论法 （2）重点：成本预算编制的原则 （3）难点：编制成本预算	1
			2）成本预算编制的内容		
			3）项目成本预算表		
	4–2　项目收支管理	（1）项目收支计划表制作	1）项目收支计划表制作 ①定义 ②制作方法	（1）方法：讲授法、演示法、实训（练习）法 （2）重点与难点：项目收支计划表的制作	2
			2）项目资金往来记录		
			3）项目资金使用台账建立		
		（2）项目费用使用检查	1）使用用途检查	（1）方法：讲授法、演示法、实训（练习）法、案例教学法 （2）重点与难点：项目费用使用检查	1
			2）支出金额检查		
			3）发生时间检查		
			4）专款专用检查		
			5）统一管理和按期核算检查		

续表

模块	课程	学习单元	课程内容	培训建议	课堂学时
4．项目费用管理	4-2　项目收支管理	(3) 项目费用结算	1）编制项目费用对账单 2）与用工单位对账 3）项目费用结算	(1) 方法：讲授法、实训（练习）法 (2) 重点与难点：编制项目费用对账单	2
课堂学时合计					40

2.2.4　二级 / 技师职业技能培训课程规范

模块	课程	学习单元	课程内容	培训建议	课堂学时
1．项目开发管理	1-1　策划与谈判	(1) 市场营销策划	1）传统营销方式 ①电话营销的内容、作用、优势及劣势 ②展会营销活动的注意事项 2）新型营销方式 ①全媒体营销 ②网络直播 ③事件营销、知识营销、互动营销 ④新型营销的数字赋能与改进	(1) 方法：讲授法、讨论法、案例教学法、情景表演法 (2) 重点与难点：展会营销活动的注意事项	1
		(2) 项目谈判	1）项目谈判过程 ①审度情势 ②明确底线 ③场地人选 ④谈判推进 ⑤交换让步 ⑥谈判结束 2）项目谈判的方法	(1) 方法：讲授法、讨论法、情景表演法 (2) 重点与难点：项目谈判过程的具体内容	1
	1-2　评估与审核	(1) 用工状况评估	1）用工单位用工状况评估内容 ①用工现状描述 ②用工需求统计 2）用工单位的需求基准 3）用工需求统计表和用工招聘职位委托书	(1) 方法：讲授法、讨论法、实训（练习）法 (2) 重点与难点：用工单位的需求基准	2

续表

模块	课程	学习单元	课程内容	培训建议	课堂学时
1．项目开发管理	1–2　评估与审核	（2）财务状况评估	1）用工单位财务状况评估内容 ①盈利能力比率 ②偿债能力比率 ③效率比率 ④杠杆比率	（1）方法：讲授法、讨论法、实训（练习）法 （2）重点与难点：用工单位财务状况评估	2
			2）用工单位财务状况评估方法 ①客户调查 ②客户信用评级 ③客户财务风险评估		
		（3）劳务派遣协议审核、项目收益测算	1）劳务派遣协议内容的审核 ①用工单位主体资格 ②劳务派遣协议内容 ③双方权利和义务 ④费用支付约定 ⑤违约责任 ⑥签字生效	（1）方法：讲授法、讨论法、实训（练习）法 （2）重点与难点：劳务派遣协议内容的审核	2
			2）项目收益测算 ①项目收入 ②项目成本 ③收益金额 ④毛利率		
2．项目运营管理	2–1　项目计划制订与审核	（1）制订项目年度经营计划	1）项目年度目标 ①项目收益率 ②用工单位满意度 ③项目事故数	（1）方法：讲授法、讨论法、实训（练习）法 （2）重点与难点：成本费用控制方法	1
			2）成本费用控制方法 ①作业成本法 ②绝对成本控制法 ③相对成本控制法 ④全面成本控制法		
			3）人员管理安排		
		（2）审核项目实施方案	1）派遣员工数量审核	（1）方法：讲授法、讨论法、实训（练习）法 （2）重点与难点：岗位匹配度审核	1
			2）岗位匹配度审核		
			3）时间安排审核		

续表

模块	课程	学习单元	课程内容	培训建议	课堂学时
2．项目运营管理	2–2 现场管理制度制定	（1）制定现场管理制度	1）项目现场安全管理制度 ①项目现场安全管理目标 ②劳动防护用品管理规定 ③安全预防管理规定 ④安全事故应急管理规定 ⑤安全督查管理规定 ⑥环保安全管理规定 ⑦职业健康管理规定	（1）方法：讲授法、讨论法 （2）重点与难点：制定现场6S管理制度	2
			2）现场6S管理制度 ①整理 ②整顿 ③清扫 ④清洁 ⑤素养 ⑥安全		
		（2）制定劳务派遣管理员管理制度	劳务派遣管理员管理制度	（1）方法：讲授法、讨论法 （2）重点与难点：制定劳务派遣管理员管理制度	1
	2–3 派遣员工服务管理	（1）劳务派遣员工的退回、待派	1）派遣员工退回的类别 ①法定退回 ②约定退回 ③协商退回	（1）方法：讲授法、讨论法 （2）重点与难点：派遣员工待派管理的注意事项	1
			2）派遣员工退回的管理 ①条件审核 ②协助办理退回手续		
			3）派遣员工待派管理的注意事项 ①合理规划派遣员工数量 ②做到“无缝衔接” ③提供必要的知识和技能提升培训 ④灵活签订劳动合同		
		（2）派遣员工服务	1）派遣员工服务的内容 ①处理造成问题的外部压力源本身 ②处理压力所造成的反应 ③改变个体自身的弱点	（1）方法：讲授法、讨论法	1

续表

模块	课程	学习单元	课程内容	培训建议	课堂学时
2．项目运营管理	2–3　派遣员工服务管理	（2）派遣员工服务	2）派遣员工服务的分类 ①培训 ②宣传 ③组织咨询 ④建立心理档案	（2）重点与难点：派遣员工服务	
			3）派遣员工服务的步骤 ①明确问题 ②问题诊断 ③宣传推广 ④教育培训 ⑤咨询辅导 ⑥服务实施效果评估		
	2–4　客户关系管理	（1）客户诉求解决方案	1）客户诉求登记要求 ①电话诉求 ②在线诉求 ③现场诉求 ④其他诉求	（1）方法：讲授法、讨论法、实训（练习）法、情景表演法 （2）重点与难点：客户诉求登记要求	2
			2）客户诉求分析		
			3）客户诉求处理原则 ①及时处理原则 ②问责原则 ③及时总结原则		
			4）客户诉求处理		
		（2）客户满意度提升方法	客户满意度提升的方法 ①划分客户类型，选择目标客户 ②明确客户的需求和期望 ③全面管理客户数据 ④维护客户关系 ⑤积极解决客户诉求 ⑥改进服务体系，提高服务质量 ⑦开展员工培训，建立以客户满意为导向的企业文化	（1）方法：讲授法、讨论法 （2）重点与难点：明确客户的需求和期望	1
3．项目风险管控	3–1　风险监管	（1）编制业务风险预案	1）业务风险类型 ①常见风险 ②特殊风险	（1）方法：讲授法、讨论法、案例教学法 （2）重点与难点：风险处理措施	1
			2）劳务派遣业务项目风险及处理措施		

续表

模块	课程	学习单元	课程内容	培训建议	课堂学时
3．项目风险管控	3-1　风险监管	（2）编制项目服务质量管控计划	1）项目服务质量管控目标 ①出错率 ②服务速度 ③服务频率	（1）方法：讲授法、讨论法、案例教学法 （2）重点与难点：项目服务质量管控目标的达成	1
			2）项目服务质量管控时限 ①劳动合同签订时限 ②社会保险办理时限 ③员工薪酬发放时限 ④工伤认定办理时限 ⑤劳动纠纷处理时限 ⑥服务投诉响应时限		
	3-2　风险处理	（1）劳动争议仲裁和诉讼应诉	1）劳动争议仲裁 ①劳动争议仲裁时效 ②劳动争议仲裁原则 ③劳动争议仲裁案件受理情形 ④劳动争议仲裁地点 ⑤劳动争议仲裁当事人 ⑥劳动争议仲裁申请材料	（1）方法：讲授法、讨论法、案例教学法、情景表演法 （2）重点与难点：劳动争议仲裁、劳动争议诉讼的内容及应诉步骤	6
			2）劳动争议诉讼 ①劳动争议诉讼的前置程序 ②劳动争议诉讼原则与诉讼举证责任		
			3）撰写劳动争议仲裁答辩书		
			4）撰写劳动争议诉讼起诉书		
			5）劳动争议仲裁应诉步骤 ①用人单位根据劳动争议仲裁委员会发送的通知领取法律文书 ②核查劳动争议仲裁申请书 ③积极制定应诉策略及执行方案		

续表

模块	课程	学习单元	课程内容	培训建议	课堂学时
3．项目风险管控	3–2　风险处理	（1）劳动争议仲裁和诉讼应诉	④准备各项材料，按时参加庭审 ⑤劳动争议仲裁结束，领取裁决文书		
			6）劳动争议诉讼应诉		
		（2）用工单位协议争议处理	1）协议争议的类别 ①劳务派遣费用导致的纠纷 ②权责不清导致的纠纷 ③合作资质导致的纠纷	（1）方法：讲授法、讨论法、案例教学法、情景表演法 （2）重点与难点：协议争议的处理方法	1
			2）协议争议的处理方法 ①协商 ②调解 ③仲裁 ④诉讼		
			3）协议争议的处理步骤与技巧		
4．项目费用管理	4–1　项目费用分析	（1）项目收入与成本分析	1）项目收入	（1）方法：讲授法、讨论法、实训（练习）法 （2）重点与难点：收入分析与成本分析	2
			2）项目成本 ①人工成本 ②材料与设备成本 ③咨询成本 ④风险成本		
			3）项目收入分析表		
			4）项目成本分析表		
			5）项目收益分析		
		（2）项目分析报告编制	1）项目费用分析报告的内容 ①项目基本情况介绍 ②合同条款 ③项目费用分析节点 ④项目效益与费用情况 ⑤存在的问题与不足 ⑥项目费用优化措施	（1）方法：讲授法、讨论法、案例教学法 （2）重点与难点：项目费用分析报告的编制	1
			2）项目费用分析报告的编制方法 ①文字描述法 ②数据描述法 ③表格、图形表现法		

续表

模块	课程	学习单元	课程内容	培训建议	课堂学时
4．项目费用管理	4–2　项目业绩管理	（1）劳务派遣管理员业绩考核	1）业绩考核的内容 ①项目开发管理 ②项目运营管理 ③项目风险管理 ④项目费用管理	（1）方法：讲授法、讨论法、实训（练习）法 （2）重点与难点：业绩考核的方法	2
			2）业绩考核的方法 ①目标管理法 ②360 度考核法 ③KPI 考核法		
		（2）项目业绩分配	1）项目业绩的管理方式 ①检查评比 ②共同参与 ③自我管理	（1）方法：讲授法、讨论法、实训（练习）法 （2）重点与难点：项目业绩管理	1
			2）项目业绩的管理标准 ①同业标准法 ②标杆瞄准法 ③历史资料分析法		
			3）项目业绩分配方案 ①项目业绩分配方案的内容 ②项目业绩分配方案的制定要求		
5．培训与指导	5–1　人员培训	（1）培训基本知识与方法	1）培训基本知识 ①培训的定义 ②培训的目的 ③培训的特点	（1）方法：讲授法、讨论法 （2）重点与难点：培训方法的选择	3
			2）传统培训方法 ①讲授法 ②工作轮换法 ③工作指导法		
			3）新型培训方法		
			4）培训方法的选择		
		（2）编写培训指导书	培训指导书的主要内容 ①目的范围 ②培训类型 ③培训时间、场所、人员等要求 ④培训方法 ⑤培训实施过程 ⑥培训费用 ⑦附件	（1）方法：讲授法、讨论法、实训（练习）法 （2）重点与难点：设计培训指导书	1

续表

模块	课程	学习单元	课程内容	培训建议	课堂学时
5．培训与指导	5–1 人员培训	（3）制订培训计划	1）培训计划概述 ①培训计划内容 ②培训计划类型	（1）方法：讲授法、讨论法、实训（练习）法 （2）重点与难点：培训计划的制订	3
			2）培训计划的制订原则		
			3）培训计划的制订步骤 ①确定培训需求 ②确立培训目标 ③确定培训对象 ④设置培训内容及课程 ⑤选择培训负责人和培训讲师 ⑥确定培训形式、方法、时间和地点 ⑦确定培训效果评估方法 ⑧编制培训费用预算 ⑨编写培训计划书		
	5–2 业务指导	（1）项目团队组建与管理	1）项目团队的组建原则 ①能力互补原则 ②知识互补原则 ③年龄互补原则 ④性别互补原则	（1）方法：讲授法、讨论法、案例教学法 （2）重点与难点：项目团队的组建	1
			2）项目团队管理的常用技能 ①认知技能 ②人际技能 ③技术技能		
		（2）项目运营经验的传授	项目运营经验的传授方法 ①一对一讲解法 ②定向帮扶法 ③集中培训法	（1）方法：讲授法、讨论法、案例教学法 （2）重点与难点：项目运营经验的传授	1
课堂学时合计					42

2.2.5　一级 / 高级技师职业技能培训课程规范

模块	课程	学习单元	课程内容	培训建议	课堂学时
1．项目开发管理	1–1　业务方案策划	（1）业务开发与管理	1）业务开发方案的制定与优化 ①方案内容 ②制定要求 ③优化原则 2）项目管理方案的制定与优化 ①方案内容 ②制定要求 ③优化原则	（1）方法：讲授法、讨论法、实训（练习）法、案例教学法 （2）重点：业务开发方案的制定 （3）难点：项目管理方案的优化	1
		（2）项目成本预算与管控	1）项目成本预算方案的制定 ①项目成本预算表的内容 ②项目成本预算表的编制要求 2）项目成本管控方案的制定 ①项目成本管控的目标 ②项目成本管控的内容 ③项目成本管控的方法	（1）方法：讲授法、演示法、实训（练习）法 （2）重点与难点：项目成本预算和管控方案的制定	1
	1–2　业务决策谈判	（1）项目合作	1）项目合作方案 ①合作方案的格式审定 ②合作方案的内容完善 ③合作方案的编制要求 2）投标书制作 ①投标书的审定 ②投标书的完善 3）项目合作协议条款 ①合作协议条款的合规性审核 ②合作协议条款的完善	（1）方法：讲授法、讨论法、实训（练习）法、案例教学法 （2）重点：合作协议条款的合规性审核 （3）难点：合作协议条款的完善	2
		（2）项目报价	1）项目报价的策略 ①报价起点策略 ②报价时机策略 ③报价差别策略 ④报价对比策略 ⑤报价分割策略	（1）方法：讲授法、讨论法、实训（练习）法、案例教学法、情景表演法	2

续表

<table>
<tr><th>模块</th><th>课程</th><th>学习单元</th><th>课程内容</th><th>培训建议</th><th>课堂学时</th></tr>
<tr><td rowspan="8">1．项目开发管理</td><td rowspan="3">1-2　业务决策谈判</td><td>（2）项目报价</td><td>2）项目报价的确定
①填写报价确认单
②报价说明</td><td>（2）重点与难点：项目报价的策略</td><td></td></tr>
<tr><td rowspan="2">（3）谈判失误后的补救措施</td><td>1）谈判失误
①谈判失误的原因
②谈判失误的预防</td><td rowspan="2">（1）方法：讲授法、讨论法、实训（练习）法、案例教学法、情景表演法
（2）重点与难点：谈判失误补救预案的编制</td><td rowspan="2">1</td></tr>
<tr><td>2）谈判失误补救
①谈判失误补救措施
②谈判失误补救预案的编制</td></tr>
<tr><td rowspan="4">1-3　项目评估与审核</td><td rowspan="2">（1）业务服务能力评估</td><td>1）业务服务能力评估的内容</td><td rowspan="2">（1）方法：讲授法、讨论法、实训（练习）法、案例教学法
（2）重点与难点：定量评估</td><td rowspan="2">1</td></tr>
<tr><td>2）业务服务能力评估的方法
①定性评估
②定量评估</td></tr>
<tr><td rowspan="2">（2）项目运营情况审核</td><td>1）项目运营情况审核的内容</td><td rowspan="2">（1）方法：讲授法、讨论法、实训（练习）法
（2）重点：项目运营情况审核的内容
（3）难点：项目运营情况审核的方法</td><td rowspan="2">1</td></tr>
<tr><td>2）项目运营情况审核的方法</td></tr>
<tr><td>1-4　服务模式创新</td><td>（1）新业务机会开发</td><td>1）用工单位发展趋势分析
①发现趋势
②提取重要趋势
③探索发展趋势的原因
④预测趋势走向和影响
2）行业发展趋势分析
①行业生命周期理论
②劳务派遣用工需求分析
3）新业务机会分析
①波士顿矩阵
②行业环境分析
③行业能力分析</td><td>（1）方法：讲授法、讨论法、实训（练习）法
（2）重点：行业发展趋势分析
（3）难点：新业务机会分析</td><td>1</td></tr>
</table>

续表

模块	课程	学习单元	课程内容	培训建议	课堂学时
1．项目开发管理	1–4 服务模式创新	（2）服务产品和服务模式创新	1）服务产品创新 ①服务产品创新的内容 ②服务产品创新的步骤 ③服务产品创新方案的编制	（1）方法：讲授法、讨论法、实训（练习）法 （2）重点与难点：服务模式创新方案的编制	1
			2）服务模式创新 ①服务模式创新的类型 ②服务模式创新的技巧 ③服务模式创新方案的编制		
			3）大数据管理与人工智能知识		
2．项目运营管理	2–1 项目计划统筹	（1）经营规划和项目运营	1）项目经营规划的内容	（1）方法：讲授法、讨论法、实训（练习）法 （2）重点：项目经营规划的原则 （3）难点：项目经营规划的制定方法	1
			2）项目经营规划的原则 ①可行性原则 ②创新性原则 ③信息性原则 ④灵活性原则		
			3）项目经营规划的制定方法 ①事实主导法 ②头脑风暴法 ③德尔菲法 ④创意法 ⑤智能放大法		
			4）项目经营规划的流程 ①项目调研 ②市场分析 ③编写项目经营规划书 ④项目经营方案实施		
			5）项目运营计划的统筹管理要求 ①全方位把控 ②各环节问题分析 ③编制问题解决方案		

续表

模块	课程	学习单元	课程内容	培训建议	课堂学时
2．项目运营管理	2-1　项目计划统筹	（2）项目资源配置	1）项目需求的内容 2）项目需求的确定 ①项目需求调研 ②明确项目整体目标 ③项目各环节管理目标 3）项目资源配置方案的内容 ①项目人员配置 ②项目资金配置 ③项目物料配置	（1）方法：讲授法、讨论法、实训（练习）法 （2）重点：项目需求的确定 （3）难点：项目资源配置方案的内容	1
	2-2　客户关系管理	（1）客户关系管理策略	1）客户关系管理的内容 2）客户关系管理策略的制定方法 ①掌握客户情况 ②了解客户诉求 ③确定客户关系管理措施 ④制定客户关系管理制度	（1）方法：讲授法、讨论法、实训（练习）法 （2）重点与难点：客户关系管理策略的制定方法	1
		（2）危机公关管理	1）危机公关的内容 2）危机公关的特点 ①意外性 ②聚焦性 ③破坏性 ④紧迫性 3）危机公关应对原则 ①责任明确原则 ②积极沟通原则 ③速效执行原则 4）危机公关应对方法 ①明确态度 ②了解信息 ③确定思路 ④采取措施 ⑤总结改进	（1）方法：讲授法、讨论法、实训（练习）法、案例教学法、情景表演法 （2）重点与难点：危机公关应对方法	1
3．项目风险管控	3-1　风险监管	（1）重大风险应急预案	1）重大风险应急预案的内容 ①资金链断裂应急预案 ②资不抵债应急预案 ③关停并转应急预案	（1）方法：讲授法、讨论法、实训（练习）法、案例教学法	1

续表

模块	课程	学习单元	课程内容	培训建议	课堂学时
3．项目风险管控	3-1 风险监管	（1）重大风险应急预案	2）重大风险应急预案的制定 ①制定步骤 ②制定要求	（2）重点与难点：重大风险应急预案的制定	
		（2）风险防控	1）风险防控的内容 ①财务风险 ②经营风险	（1）方法：讲授法、讨论法、实训（练习）法、案例教学法 （2）重点：风险防控的方法 （3）难点：风险防控的制度	1
			2）风险防控的方法 ①风险回避 ②损失控制 ③风险转移 ④风险保留		
			3）风险防控的制度		
		（3）重大风险分析和归类	1）重大风险的归类 ①环境风险 ②市场风险 ③技术风险 ④生产风险 ⑤财务风险	（1）方法：讲授法、讨论法、实训（练习）法、案例教学法 （2）重点：重大风险的分析和归类 （3）难点：重大风险防控案例的分析和归类	1
			2）重大风险的分析方法 ①定性分析法 ②定量分析法 ③风险分解法 ④流程图法 ⑤情景分析法		
			3）重大风险防控案例的分析和归类 ①重大风险防控案例分析报告 ②重大风险防控案例归类表		
	3-2 风险处理	（1）危机事件处理	1）危机事件 ①危机事件的类型 ②危机事件的处理分法	（1）方法：讲授法、讨论法、实训（练习）法、案例教学法、情景表演法	1
			2）集体争议 ①集体争议的原因调查 ②集体争议的类型		

续表

模块	课程	学习单元	课程内容	培训建议	课堂学时
3．项目风险管控	3–2　风险处理	（1）危机事件处理	3）集体争议的处理方法 ①稳字当头 ②抓主要矛盾 ③明确责任主体 ④按照重大风险防控预案处理	（2）重点与难点：集体争议的处理方法	
		（2）合法权益问题处理	1）合法权益问题的内容	（1）方法：讲授法、讨论法、实训（练习）法、案例教学法 （2）重点与难点：合法权益问题的处理	1
			2）合法权益问题的处理 ①处理步骤 ②处理技巧		
4．项目费用管理	4–1　成本管控	（1）项目成本收益	1）项目成本收益分析的内容	（1）方法：讲授法、讨论法、实训（练习）法 （2）重点：项目成本收益分析的方法 （3）难点：项目成本收益估算表	2
			2）项目成本收益分析的特征 ①自利性 ②经济性 ③计算性		
			3）项目成本收益分析的方法 ①净现值法 ②现值指数法 ③内含报酬率法		
			4）项目成本收益估算表		
		（2）项目成本管控	1）项目成本管控的内容	（1）方法：讲授法、讨论法、实训（练习）法 （2）重点与难点：项目成本管控的措施	1
			2）项目成本管控的措施 ①绝对成本控制 ②相对成本控制 ③全面成本控制		
	4–2　目标管理	（1）年度目标制定	1）年度目标的制定要求	（1）方法：讲授法、讨论法、实训（练习）法 （2）重点与难点：编制项目费用年度计划表	1
			2）编制项目费用年度计划表		

续表

模块	课程	学习单元	课程内容	培训建议	课堂学时
4．项目费用管理	4–2　目标管理	（2）年度目标的分解和执行	1）年度目标分解计划的内容 2）年度目标的执行措施	（1）方法：讲授法、讨论法、实训（练习）法 （2）重点与难点：年度目标的执行措施	1
5．培训与指导	5–1　人员培训	（1）业务管理培训内容与方法	1）业务管理培训的内容 ①一般能力培训 ②管理技能培训 ③领导能力培训 2）业务管理培训的方法 ①角色扮演 ②决策竞赛 ③决策模拟训练	（1）方法：讲授法、讨论法、实训（练习）法、情景表演法 （2）重点与难点：业务管理培训的方法	1
		（2）制订人才培养计划	1）人才培养计划的内容 ①培训需求分析 ②培训课程体系建设 ③内部讲师培养 ④培训计划实施 2）人才培养计划的编制方法 ①培训会议讨论 ②部门经理沟通 ③企业领导决策 ④培训文件传阅 3）人才培养计划的编制要求 ①从组织战略视角出发 ②建立于实际需求之上 ③以各部门实际工作计划为依据 ④制定激励政策增强效果	（1）方法：讲授法、讨论法、实训（练习）法、情景表演法 （2）重点：人才培养计划的内容 （3）难点：人才培养计划的编制	1
		（3）编制培训教材	1）培训教材的编制方法 ①遵循培训教材的编写原则 ②组建培训教材编制小组 ③制定培训教材的编制程序	（1）方法：讲授法、讨论法、实训（练习）法	1

续表

模块	课程	学习单元	课程内容	培训建议	课堂学时
5．培训与指导	5–1 人员培训	（3）编制培训教材	2）培训教材的编制要求 ①准确性 ②针对性 ③难易适中 ④留存适当空白 ⑤排版适宜	（2）重点与难点：培训教材的编制方法	
	5–2 业务指导	（1）项目团队组建与管理	1）项目团队组建的指导思想 ①岗得其人 ②人适其岗 ③人岗匹配	（1）方法：讲授法、讨论法 （2）重点与难点：项目团队管理的要求	1
			2）项目团队管理的要求 ①规范化 ②标准化 ③信息化		
		（2）项目经营和管理知识	1）项目经营和管理知识的内容	（1）方法：讲授法、讨论法 （2）重点与难点：项目经营和管理知识的讲授方法	1
			2）项目经营和管理知识的讲授方法		
课堂学时合计					30

2.2.6 培训建议中培训方法说明

1．讲授法

讲授法是指教师主要运用语言讲述，系统地向学员传授知识，传播思想理念的教学方法。即教师通过叙述、描绘、解释、推论来传递信息，传授知识，阐明概念，论证定律和公式，引导学员获取知识，认识和分析问题。

2．讨论法

讨论法是指在教师的指导下，学员以班级或小组为单位，围绕学习单元的内容，对某一专题进行深入探讨，通过讨论或辩论，从而获得知识或巩固知识的一种教学方法，要求教师在讨论结束时对讨论的主题做归纳性总结。

3．实训（练习）法

实训（练习）法是指学员在教师的指导下巩固知识、运用知识，形成技能技巧的方法。通过实际操作的练习，形成操作技能。

4．演示法

演示法是指在教学过程中，教师通过示范操作和讲解使学员获得知识、技能的教学方法。教学中，教师对操作内容进行现场演示，边操作边讲解，强调操作的关键步骤和注意事项，使学员边学边做，理论与技能并重，师生互动，从而提高学员的学习兴趣和学习效率。

5．案例教学法

案例教学法是指通过对案例进行分析，提出问题，分析问题，找到解决问题的途径和手段，培养学员分析问题、处理问题能力的教学方法。

6．情景表演法

情景表演法是指教师在实施培训前事先准备和布置培训现场，并设定表演的情景、对话内容及评估标准，通过学员现场的情景表演活动以及教师对活动效果的及时评估，从而达到培训预期效果的教学方法。

7．观摩法

观摩法是指让学员通过现场观摩、观看视频等形式，学习、获取知识和技能的一种教学方法。

2.3 考核规范

2.3.1 职业基本素质培训考核规范

考核范围	考核比重（%）	考核内容	考核比重（%）	考核单元
1．职业道德	10	1-1 职业道德基本知识	5	劳务派遣管理员职业道德、职业守则
		1-2 劳务派遣管理员职业守则	5	
2．人力资源管理知识	50	2-1 人力资源基本理论	12	（1）人力资源与人力资源管理
				（2）人力资源管理与组织行为学
				（3）人力资源管理与管理沟通
		2-2 劳动力市场基本概念	12	（1）劳动力市场概述和分类
				（2）劳动力市场相关理论

续表

考核范围	考核比重（%）	考核内容	考核比重（%）	考核单元
2．人力资源管理知识		2-3　人力资源服务的分类和主要内容	26	（1）人力资源服务的概念和招聘服务
				（2）高级人才寻访服务和人才测评服务
				（3）人力资源培训服务和咨询服务
				（4）劳务派遣服务
				（5）人力资源外包服务和管理信息化服务
3．市场营销知识	18	3-1　市场营销基本概念	6	市场营销的定义和职能
		3-2　市场分析与判断	6	市场调研与分析判断
		3-3　顾客分析	6	顾客分类和分析
4．财税管理知识	12	4-1　财务管理基础知识	10	财务管理基础知识
		4-2　税种分类知识	2	税种划分及税率
5．相关法律、法规知识	10	相关法律、法规知识	10	相关法律、法规知识概述及主要内容

2.3.2　四级 / 中级职业技能培训理论知识考核规范

考核范围	考核比重（%）	考核内容	考核比重（%）	考核单元
1．项目开发管理	20	1-1　信息收集与处理	10	信息收集与处理
		1-2　信息审核	10	项目资料的审核及项目协议的跟踪
2．项目运营管理	50	2-1　项目计划分解与执行	6	（1）起草工作实施方案
				（2）分解工作任务，填写工作记录
		2-2　项目现场管理	6	（1）组织派遣员工见面会
				（2）共同开展安全教育活动
				（3）项目现场沟通

续表

考核范围	考核比重（%）	考核内容	考核比重（%）	考核单元
2．项目运营管理		2-3　派遣员工服务管理	30	（1）派遣员工招聘管理
				（2）派遣员工入离职手续办理及劳动合同管理
				（3）派遣员工薪酬管理及社会保险和住房公积金办理
				（4）提供劳务派遣资料并办理劳动用工备案
		2-4　客户服务管理	8	（1）客户资料管理
				（2）客户日常沟通与诉求处理
3．项目风险管控	30	3-1　风险核查	15	（1）劳动合同风险核查
				（2）社会保险和住房公积金管理风险核查
				（3）安全生产风险核查
		3-2　风险处理	15	（1）劳动争议和突发事件处理
				（2）工伤处理和意外伤害处理

2.3.3　四级／中级职业技能培训操作技能考核规范

考核范围	考核比重（%）	考核内容	考核比重（%）	考核形式	选考方式	考核时间（分钟）	重要程度
1．项目开发管理	20	1-1　信息收集与处理	10	笔试	必考	90	X
		1-2　信息审核	10	笔试	必考		X
2．项目运营管理	50	2-1　项目计划分解与执行	6	笔试	必考		X
		2-2　项目现场管理	6	实操	必考		X
		2-3　派遣员工服务管理	30	实操	必考		X
		2-4　客户服务管理	8	实操	必考		X
3．项目风险管控	30	3-1　风险核查	15	笔试	必考		X
		3-2　风险处理	15	笔试	必考		X

重要程度说明：

“X”表示核心要素，是鉴定中最重要、出现频率最高的内容，具有必备性、典型性特点。“Y”表示一般要素，是鉴定中一般重要的内容。

2.3.4 三级 / 高级职业技能培训理论知识考核规范

考核范围	考核比重（%）	考核内容	考核比重（%）	考核单元
1. 项目开发管理	20	1-1 项目分析与策划	7	（1）用工单位需求分析
				（2）投标书制作
				（3）编制合作方案
		1-2 项目评估与分析	7	（1）项目合规性审核
				（2）项目成本测算
				（3）项目收益分析
		1-3 协议草拟与修改	6	（1）合作协议的要求
				（2）草拟与修改合作协议
2. 项目运营管理	35	2-1 项目计划制订与执行	9	（1）项目年度经营计划制订
				（2）召开项目业务会
				（3）编写项目报告
		2-2 项目现场管理	9	（1）现场管理风险的类型与风险防范措施
				（2）优化项目现场操作流程
				（3）解答派遣员工问题
		2-3 派遣员工服务管理	10	（1）薪酬结构和福利设计
				（2）培训需求调查
				（3）开展岗前和上岗后技能培训
				（4）派遣员工关怀
		2-4 客户服务管理	7	（1）客户诉求分析与处理
				（2）提供咨询服务
				（3）客户满意度调查
3. 项目风险管控	25	3-1 风险核查	12	（1）监控项目执行
				（2）派遣业务风险分析
				（3）用工风险管控
		3-2 风险处理	13	（1）协商与调解
				（2）工伤、意外伤害事件的处理

续表

考核范围	考核比重（%）	考核内容	考核比重（%）	考核单元
4．项目费用管理	20	4-1　项目预算编制	8	（1）项目费用表制作
				（2）项目成本预算编制
		4-2　项目收支管理	12	（1）项目收支计划表制作
				（2）项目费用使用检查
				（3）项目费用结算

2.3.5　三级 / 高级职业技能培训操作技能考核规范

考核范围	考核比重（%）	考核内容	考核比重（%）	考核形式	选考方式	考核时间（分钟）	重要程度
1．项目开发管理	20	1-1　项目分析与策划	6	实操	必考	120	X
		1-2　项目评估与分析	7	实操	必考		X
		1-3　协议草拟与修改	7	实操	必考		X
2．项目运营管理	35	2-1　项目计划制订与执行	9	笔试	必考		X
		2-2　项目现场管理	9	笔试	必考		X
		2-3　派遣员工服务管理	9	笔试	必考		X
		2-4　客户服务管理	8	笔试	必考		X
3．项目风险管控	30	3-1　风险核查	14	笔试	必考		X
		3-2　风险处理	16	笔试	必考		X
4．项目费用管理	15	4-1　项目预算编制	7	实操	必考		X
		4-2　项目收支管理	8	实操	必考		X

2.3.6 二级 / 技师职业技能培训理论知识考核规范

考核范围	考核比重（%）	考核内容	考核比重（%）	考核单元
1. 项目开发管理	28	1-1 策划与谈判	13	（1）市场营销策划
				（2）项目谈判
		1-2 评估与审核	15	（1）用工状况评估
				（2）财务状况评估
				（3）劳务派遣协议审核、项目收益测算
2. 项目运营管理	22	2-1 项目计划制订与审核	4	（1）制订项目年度经营计划
				（2）审核项目实施方案
		2-2 现场管理制度制定	4	（1）制定现场管理制度
				（2）制定劳务派遣管理员管理制度
		2-3 派遣员工服务管理	8	（1）劳务派遣员工的退回、待派
				（2）派遣员工服务
		2-4 客户关系管理	6	（1）客户诉求解决方案
				（2）客户满意度提升方法
3. 项目风险管控	28	3-1 风险监管	14	（1）编制业务风险预案
				（2）编制项目服务质量管控计划
		3-2 风险处理	14	（1）劳动争议仲裁和诉讼应诉
				（2）用工单位协议争议处理
4. 项目费用管理	17	4-1 项目费用分析	8	（1）项目收入与成本分析
				（2）项目分析报告编制
		4-2 项目业绩管理	9	（1）劳务派遣管理员业绩考核
				（2）项目业绩分配
5. 培训与指导	5	5-1 人员培训	3	（1）培训基本知识与方法
				（2）编写培训指导书
				（3）制订培训计划
		5-2 业务指导	2	（1）项目团队组建与管理
				（2）项目运营经验的传授

2.3.7 二级 / 技师职业技能培训操作技能考核规范

<table>
<tr><th>考核范围</th><th>考核比重（%）</th><th>考核内容</th><th>考核比重（%）</th><th>考核形式</th><th>选考方式</th><th>考核时间（分钟）</th><th>重要程度</th></tr>
<tr><td rowspan="2">1．项目开发管理</td><td rowspan="2">35</td><td>1-1 策划与谈判</td><td>20</td><td>笔试</td><td>必考</td><td rowspan="14">120</td><td>X</td></tr>
<tr><td>1-2 评估与审核</td><td>15</td><td>实操</td><td>必考</td><td>X</td></tr>
<tr><td rowspan="4">2．项目运营管理</td><td rowspan="4">15</td><td>2-1 项目计划制订与审核</td><td>3</td><td>实操</td><td>必考</td><td>Y</td></tr>
<tr><td>2-2 现场管理制度制定</td><td>4</td><td>笔试</td><td>必考</td><td>X</td></tr>
<tr><td>2-3 派遣员工服务管理</td><td>4</td><td>笔试</td><td>必考</td><td>X</td></tr>
<tr><td>2-4 客户关系管理</td><td>4</td><td>实操</td><td>必考</td><td>X</td></tr>
<tr><td rowspan="2">3．项目风险管控</td><td rowspan="2">25</td><td>3-1 风险监管</td><td>5</td><td>笔试</td><td>必考</td><td>X</td></tr>
<tr><td>3-2 风险处理</td><td>20</td><td>实操</td><td>必考</td><td>X</td></tr>
<tr><td rowspan="4">4．项目费用管理</td><td rowspan="4">20</td><td rowspan="2">4-1 项目费用分析</td><td rowspan="2">10</td><td rowspan="2">实操</td><td rowspan="2">必考</td><td>X</td></tr>
<tr><td>X</td></tr>
<tr><td rowspan="2">4-2 项目业绩管理</td><td rowspan="2">10</td><td rowspan="2">实操</td><td rowspan="2">必考</td><td>X</td></tr>
<tr><td>X</td></tr>
<tr><td rowspan="2">5．培训与指导</td><td rowspan="2">5</td><td>5-1 人员培训</td><td>3</td><td>实操</td><td>必考</td><td>Y</td></tr>
<tr><td>5-2 业务指导</td><td>2</td><td>实操</td><td>必考</td><td>Y</td></tr>
</table>

2.3.8 一级 / 高级技师职业技能培训理论知识考核规范

考核范围	考核比重（%）	考核内容	考核比重（%）	考核单元
1．项目开发管理	20	1-1 业务方案策划	5	（1）业务开发与管理
				（2）项目成本预算与管控
		1-2 业务决策谈判	6	（1）项目合作
				（2）项目报价
				（3）谈判失误后的补救措施

续表

考核范围	考核比重（%）	考核内容	考核比重（%）	考核单元
1．项目开发管理		1-3　项目评估与审核	4	（1）业务服务能力评估
				（2）项目运营情况审核
		1-4　服务模式创新	5	（1）新业务机会开发
				（2）服务产品和服务模式创新
2．项目运营管理	20	2-1　项目计划统筹	11	（1）经营规划和项目运营
				（2）项目资源配置
		2-2　客户关系管理	9	（1）客户关系管理策略
				（2）危机公关管理
3．项目风险管控	30	3-1　风险监管	20	（1）重大风险应急预案
				（2）风险防控
				（3）重大风险分析和归类
		3-2　风险处理	10	（1）危机事件处理
				（2）合法权益问题处理
4．项目费用管理	20	4-1　成本管控	10	（1）项目成本收益
				（2）项目成本管控
		4-2　目标管理	10	（1）年度目标制定
				（2）年度目标的分解和执行
5．培训与指导	10	5-1　人员培训	6	（1）业务管理培训内容与方法
				（2）制订人才培养计划
				（3）编制培训教材
		5-2　业务指导	4	（1）项目团队组建与管理
				（2）项目经营和管理知识

2.3.9　一级 / 高级技师职业技能培训操作技能考核规范

考核范围	考核比重（%）	考核内容	考核比重（%）	考核形式	选考方式	考核时间（分钟）	重要程度
1．项目开发管理	25	1–1　业务方案策划	7	实操	必考	120	X
		1–2　业务决策谈判	7	笔试	必考		X
		1–3　项目评估与审核	6	实操	必考		X
		1–4　服务模式创新	5	笔试	必考		X
2．项目运营管理	10	2–1　项目计划统筹	6	笔试	必考		X
		2–2　客户关系管理	4	笔试	必考		Y
3．项目风险管控	25	3–1　风险监管	15	笔试	必考		X
		3–2　风险处理	10	实操	必考		X
4．项目费用管理	30	4–1　成本管控	15	实操	必考		X
		4–2　目标管理	15	实操	必考		X
5．培训与指导	10	5–1　人员培训	5	实操	必考		X
		5–2　业务指导	5	实操	必考		X